LA BARCAROLLE

OU

L'AMOUR ET LA MUSIQUE,

OPÉRA COMIQUE EN TROIS ACTES,

Paroles de M. SCRIBE, musique de M. AUBER,

Représenté pour la première fois, à Paris, sur le théâtre royal de l'Opéra-Comique, le 22 mars 1845.

DISTRIBUTION DE LA PIÈCE.

Personnages.	*Acteurs.*
LE MARQUIS DE FELINO, premier ministre............	MM. CHAIX.
CAFARINI, organiste..	HERMANN LÉON
FABIO, musicien..	ROGER.
LE COMTE DE FIESQUE..	GASSIER.
CLÉLIA, fille du marquis de Félino...............................	Mlles RÉVILLY.
GINA, nièce de Cafarini, couturière...............................	DELILLE.

La scène se passe dans la ville de Parme

ACTE PREMIER.

Le théâtre représente une mansarde dans la maison de Cafarini. — Porte à droite et à gauche. — Porte au fond et une croisée. — A droite, au premier plan, un clavecin ouvert, et sur le pupitre un livre de musique. — A gauche, une table.

SCÈNE I.

LE COMTE, entrant par la porte à droite, puis GINA.

LE COMTE.

Vivent les ménages d'artistes!... Un peu haut... six étages à monter... Mais que d'avantages!... pas de domestiques curieux et bavards!... On prend la clé chez le portier, on s'annonce soi-même, et l'on ne fait pas antichambre... car je crois que mon pauvre Fabio n'a pas d'autres pièces que celle-ci... En bon air, du reste, une vue superbe... toute la ville de Parme dans ses sommités!.. Rien que des toits!... Je pourrais même, je crois, apercevoir d'ici celui de mon palais... Pauvre garçon! (S'asseyant devant le clavecin.) C'est ici, c'est à ce clavecin, qu'il travaille nuit et jour, sans relâche, sans distractions, sans un instant de plaisir!... (Il voit la porte du fond s'ouvrir et Gina s'avancer mystérieusement.) Du tout!... je me trompais... Le plaisir habite aussi les mansardes, il y vient même de bonne heure, et sur la pointe du pied... (Caché par le livre de musique ouvert sur le clavecin.) Une jeune ouvrière... (Gina entr'ouvre la porte à gauche, pour s'assurer que personne ne peut la surprendre.) Et moi qui calomniais l'appartement!... Allons, allons, il y a une seconde pièce que je ne connaissais pas... (Souriant.) mais que d'autres connaissent...

(Sur la ritournelle de l'air suivant, Gina s'est approchée de la table à gauche, et y dépose un petit paquet sur lequel elle écrit deux mots.)

RÉCITATIF.

GINA.

Personne ici ne m'aura vue,
Partons !

(Elle va pour sortir, et aperçoit le comte qui a quitté le clavecin, et qui est debout devant la porte du fond.)

Grand Dieu ! je suis perdue !

AIR.

Ne dites rien, ne dites rien !
Ah ! c'est le secret de ma vie
Qu'ici, monsieur, je vous confie ;
C'est mon honneur, c'est mon seul bien !
Ne dites rien ! ne dites rien !

N'en parlez jamais à personne,
A personne... pas même à lui !
Et que jamais il ne soupçonne
Que vous m'avez trouvée ici !

Vous le jurez !... ça me rassure ;
Vous le jurez !... songez-y bien...
Rien qu'à votre air, j'en étais sûre,
Vous êtes un homme de bien !
Aussi, ma franchise est entière :
Je suis Gina, la couturière,
Et mon logis est près du sien.
Je vous dis tout, vous voyez bien...

Mais vous... mais vous...

Ne dites rien !.. ne dites rien !
Ah ! c'est le secret de ma vie,
Qu'ici, monsieur, je vous confie...
Ne dites rien ! ne dites rien !

UNE VOIX, en dehors.

Gina ! Gina !

GINA, avec effroi.

C'est mon oncle !

(Au comte, à mi-voix.)

Ne dites rien ! ne dites rien !
Rien ! rien !

(Elle sort par la porte du fond.)

SCÈNE II.

LE COMTE, seul.

Pauvre enfant ! Oui, je garderai son secret, je l'ai juré, et quoique j'en veuille à Fabio de me faire attendre, je protégerai leurs amours, pour que le ciel protége les miennes, qui en ont grand besoin... Quelle folie !... aimer la plus belle personne de la cour, et la fille de mon ennemi mortel... du ministre qui a juré ma perte... Qu'importe ! s'il me permettait d'aimer sa fille et de le lui dire... Mais ne la voir que de loin... à la cour... Heureux lorsque je peux lui serrer la main dans un bal, ou lui adresser, dans un concert, quelque romance ou quelque ariette, dont elle seule peut deviner le sens !... Aussi, poète et musicien amateur, je me surprends à composer partout où je suis... Et si la mansarde de Fabio, et surtout son génie, pouvaient m'inspirer la fin de cette barcarolle... (Il tire un papier de sa poche. — On entend une ritournelle vive et animée.) Hein ? qui vient là ?.. Fabio !...

SCÈNE III.

LE COMTE, au clavecin, FABIO, entrant par le fond.

DUO.

FABIO.

Vive la musique !
Vivent les amours !
Leur pouvoir magique
Embellit nos jours !
Soin mélancolique,
Fuyez pour toujours !
Avec la musique !
Avec les amours !

LE COMTE, allant à Fabio.

Bravo ! toujours de bonne humeur !

FABIO.

Lorsque je vous vois, monseigneur !

LE COMTE, d'un air fâché.

Monseigneur !... un tel nom entre nous !

FABIO.

Ah ! je n'ose
Prononcer l'autre.

LE COMTE.

Et pourtant, je suppose,
Tu n'as pas oublié ce que je t'ai dit ?

FABIO.

Non !

(Montrant son cœur.)

C'est là... Moi, Fabio, moi, bâtard et sans nom !
Dont chacun se détourne, et que Dieu seul regarde,
Je vois entrer hier, dans mon humble mansarde...

LE COMTE.

Que j'ai long-temps cherchée...

FABIO.

Un seigneur en crédit...
Le beau comte de Fiesque !... Il s'avance et me dit...

LE COMTE.
Nous sommes fils tous deux du même père ;
Un vain orgueil avait flétri tes jours...
Depuis un an, je te cherche, mon frère,
Et nous voici réunis pour toujours !
  Mon frère ! mon frère !
  Réunis pour toujours !
FABIO.
En t'écoutant, se mouillait ma paupière ;
Un rayon pur embellissait mes jours !
Et, pour ce mot, pour ce mot seul de frère,
A toi ma vie et mon cœur pour toujours !
  Mon frère ! mon frère !
  Réunis pour toujours !

ENSEMBLE.

Nous sommes fils tous deux du même père,
Que l'amitié vienne embellir nos jours.
Plus de distance, et désormais, mon frère,
Unis tous deux, unis, et pour toujours !
(Tous deux se donnent la main.)
Ta main, ton cœur, et frères pour toujours !

LE COMTE.
Maintenant, que veux-tu ? de l'or ?
    FABIO, tâtant son gousset.
                    Je n'en ai guère !
    LE COMTE.
Et moi, j'en ai beaucoup !
          FABIO.
            Mais je sais m'en passer,
Cela revient au même !
          LE COMTE.
              Aimerais-tu mieux, frère,
Une place, un emploi ?
          FABIO.
            Ça doit embarrasser !
          LE COMTE.
Un grade, une épaulette ?...
          FABIO.
              Oh ! non !
          LE COMTE.
                Fais-moi connaître,
Pour être heureux, ce que tu voudrais être...
          FABIO.
Ce que je suis... artiste ! et, du soir au matin,
Répéter mes chansons et mon joyeux refrain :
    Vive la musique !
    Vivent les amours ! etc.
          LE COMTE.
    Vive la musique !
    Vivent les amours ! etc.
          FABIO.
Mon bonheur, monseigneur... je veux dire mon frère,
    N'est pas, hélas ! en ton pouvoir...
Car je suis amoureux !...
          LE COMTE.
              Amoureux ?

FABIO.
              Sans espoir !
Celle que j'aime est noble, illustre et fière !
    LE COMTE, à part, avec chagrin.
Et la pauvre Gina, Gina la couturière ?...
Ça se complique...
          FABIO.
              Un nom... Fabio le bâtard
N'en peut jamais avoir... même par ta puissance ;
Mais le compositeur Fabio peut, je pense,
Se faire un nom lui-même, en dépit du hasard.
Voilà pourquoi je dis...

    Vive la musique !
    Vivent les amours !
    Leur pouvoir magique
    Embellit nos jours.
    Soin mélancolique,
    Fuyez pour toujours,
    Avec la musique,
    Avec les amours !

          LE COMTE.
    Vive la musique !
    Vivent les amours ! etc.

          LE COMTE.
Explique-moi donc ça... Amoureux d'une dame de haut parage... Et quelle est-elle ?
          FABIO.
Pardon, frère.. Je peux tout te dire... excepté son nom... parce qu'une indiscrétion... une trahison pareille... plutôt mourir !... Tu ris ?
          LE COMTE, souriant.
Non, non... c'est d'un honnête homme et d'un amoureux... deux spécialités bien rares qu'il faut encourager... Achève, je t'écoute.
          FABIO.
Eh bien ! l'été dernier, par un soleil superbe, imagine-toi une belle voiture, entraînée par des chevaux fougueux... Les stores étaient baissés, vu la chaleur... mais des cris d'effroi, des cris de femme se faisaient entendre...
          LE COMTE.
Tu as arrêté les chevaux ?
          FABIO.
Impossible !... Mais je les avais détournés du précipice où ils couraient... mais ils avaient continué leur route, me laissant renversé, évanoui... Qu'importe ! elle était sauvée !
          LE COMTE.
Et c'est d'elle que tu es amoureux ?
          FABIO.
Oui, depuis ce jour-là...
          LE COMTE.
Sans l'avoir vue ? sans la connaître ?...
          FABIO.
Ah ! tu ne sais pas ce que c'est qu'une imagination d'artiste !... Brune ou blonde, je ne pen-

sais qu'à elle... je la retrouvais, je me faisais aimer... et mille châteaux en Espagne...

LE COMTE.

Rêves d'amoureux !

FABIO

Rêves de bonheur... qui bientôt allaient se réaliser...

LE COMTE.

En vérité ?

FABIO.

Un soir, jour de grande représentation à l'Opéra... deux cents équipages étaient rangés devant le théâtre... et j'aperçois ma voiture... c'est-à-dire la sienne, ses gens, sa livrée... Je demandai en tremblant son nom.. Et tu te doutes bien qu'à la fin du spectacle j'étais là, à l'attendre, à la voir... Et elle, enveloppée dans sa mante...

LE COMTE.

T'avait-elle reconnu ?

FABIO.

Tu vas en juger !... Je sentais bien que j'avais quelque talent, que j'étais né pour la musique, mais je sentais en même temps que je n'étais qu'un ignorant... qu'il me fallait apprendre la composition, le contrepoint... que sais-je ?... Et je m'étais adressé au maestro Cafarini, organiste de la cathédrale, pour lui demander, non le génie, il n'en vendait pas... mais la science, qui, souvent, en tient lieu.

LE COMTE.

Eh bien ?

FABIO.

Eh bien ! il la vendait si cher, qu'après avoir long-temps marchandé, je me retirais désolé et décidé à me jeter à l'eau, lorsqu'en sortant de chez lui je fouille dans ma poche... Qu'est-ce que j'y trouve ?... Un petit paquet, sur lequel étaient écrits ces mots : « Courage ! Travail et discré- » tion ! on se fera connaître quand vous en serez » digne !... » Le papier renfermait vingt ducats en or.

LE COMTE.

Est-il possible !

FABIO.

Et qui pouvait me venir en aide ?... Car alors, frère, je ne te connaissais pas... Il y avait donc au monde quelqu'un qui veillait sur moi, qui me criait : Courage !... et qui, en même temps, me disait : Sois discret !... Ah ! c'était une femme !... c'était elle !... l'objet de mes rêves et de mes pensées !... Aussi, fidèle à ses ordres, je ne courus pas à son palais pour la remercier, pour la compromettre, peut-être... mais je courus chez le maestro... Cette mansarde était vacante dans sa maison... Je m'y établis, et, pendant six mois, je travaillais jour et nuit avec tant d'ardeur, que j'en eus une fièvre cérébrale... Ils me crurent fou d'amour et de musique... Ils le croient encore... car je leur parlais sans cesse d'une femme voilée qui apparaissait, matin et soir, au chevet de mon lit... Oh ! je l'ai vue, j'en suis sûr !... c'était elle !... toujours elle !... Aussi, à peine rétabli, je me remis à l'ouvrage... et, si bien, que, maintenant, j'en sais autant que le maestro, qui me déteste, moi, son élève !

LE COMTE.

Quelle indignité !

FABIO.

Ne te fâche pas... c'est bon signe. Il n'a jamais pu faire que de la musique d'église... et moi, j'ai fait un opéra... l'*Ange gardien !*

LE COMTE.

Toi ?...

FABIO.

Il est là... Tu l'entendras !... Par ton amitié, par ton crédit, tu le feras jouer... Voilà tout ce que je te demande... Et si je réussis !..

LE COMTE.

Tu réussiras !... tu arriveras à la gloire, à la fortune, à celle que tu aimes !.. (A part.) Quoique tu me fasse de la peine pour la pauvre Gina, la couturière !

FABIO.

Que dis-tu ?

LE COMTE.

Je dis... je dis que je parlerai de toi à notre souveraine, à toutes les beautés de la cour... et déjà j'ai commencé, sans leur dire les raisons que j'ai de t'aimer, ce qui aurait rendu mon admiration suspecte... et toutes ces dames veulent te connaître...

FABIO.

Moi ? pauvre artiste sans réputation !

LE BARON.

Nous t'en ferons une... On t'invitera dans les premiers salons,. on t'applaudira, et, malgré les cabales et les ennemis... car tu en auras, il faut l'espérer... tu as assez de mérite pour cela... moi, grand-maître du palais,.. je serai là pour te soutenir et te protéger !

FABIO.

Ah ! tu es le plus généreux, le meilleur des frères... Et si jamais le pauvre musicien peut se faire tuer pour toi... Mais je ne suis pas assez heureux pour ça... Je n'aurai jamais la chance de t'être utile !...

LE COMTE.

Qu'en sais-tu !... qui te dit que je n'ai pas un service à te demander !

FABIO.

Vraiment ?... Parle vite !

LE COMTE.

Notre cour est la plus musicale de l'Italie... Elle retentit toute la journée du bruit des guitares ou des mandolines... Pour plaire à nos grandes dames, il faut qu'une déclaration emprunte la forme d'une romance ou d'un boléro !...

ACTE I, SCÈNE IV.

et j'ai là une barcarolle bien médiocre... composée pour une personne...

FABIO, vivement.
Dont tu es amoureux.

LE COMTE, souriant.
C'est possible !... Écoute donc... il n'y a pas que toi...

FABIO, avec joie.
Bravo! bravo! Et tu es aimé, adoré... Qu'est-ce qui ne t'aimerait pas !...

LE COMTE.
Tu comprends alors pourquoi j'ai besoin de tes conseils...

FABIO.
Quel bonheur! Je t'écoute!

LE COMTE.
Paroles et musique de grand seigneur... c'est tout dire ! (Lui montrant un papier.) Les paroles, les voici !...

FABIO.
Et la musique ?

LE COMTE, se frappant le front.
La musique est encore là !...

PREMIER COUPLET.

» O toi, dont l'œil rayonne
» De mille traits vainqueurs,
» Sans sceptre ni couronne,
» Tu règnes sur les cœurs!
» Oui, je t'aime sans le dire...
» Mais écoute autour de toi,
» Et si quelqu'un soupire,
» C'est moi ! c'est moi !»

FABIO.
Bravo ! mon frère et monseigneur !
C'est très bien pour un amateur !

LE COMTE.

DEUXIÈME COUPLET.

» Dans la foule légère
» Qui cherche à te charmer,
» Tant d'autres savent plaire,
» Moi, je ne sais qu'aimer !
» Oui , je t'aime sans le dire...
» Oui, cruelle, et près de toi,
» D'amour si l'on expire,
» C'est moi ! c'est moi !»

ENSEMBLE.

FABIO.
Très bien !

LE COMTE.
Vraiment?

FABIO.
Quelques fautes peut-être...
Une phrase incorrecte et facile à changer !

LE COMTE.
C'est pour la corriger que je m'adresse au maître.
Et puis l'orchestre à faire...

FABIO.
Heureux de m'en charger.

LE COMTE.
Je vais te copier la musique...

FABIO.
Inutile!
J'ai retenu cet air, sans être bien habile.
(Il chante.)
Tra, la, la, la, la, la.

LE COMTE, gaîment.
C'est cela !

FABIO.
Tout sera terminé dès ce soir !

LE COMTE.
Dès ce soir?

FABIO.
Je réponds du succès !

LE COMTE.
Et si j'en puis avoir,
Je vais dire à mon tour...

Vive la musique,
Vivent les amours !
Leur pouvoir magique
Embellit nos jours !

ENSEMBLE, en se tenant la main.

Vive la musique ! etc.

(Le comte sort par la porte du fond.)

SCÈNE IV.

FABIO, seul, et le regardant sortir.

Adieu, adieu, frère... Ce nom que tu ne rougis pas de me donner, restera là... (Montrant son cœur.) Entre nous... je ne veux pas qu'une telle parenté fasse tort au noble comte de Fiesque !... Car voilà un seigneur ! en voilà un... De l'esprit, du cœur et du talent... (Montrant le papier qu'il tient.) Jamais mon professeur de contre-point, le signor Cafarini, n'en ferait autant... Car, malgré sa modestie, ces paroles-là ne sont pas plus mauvaises que d'autres... et son motif est très bien... pour un grand seigneur! surtout quand je lui aurai fait un accompagnement à orchestre, pour qu'à son prochain concert nous exécutions cela en présence de cette belle dame, sa passion... Car, par une sympathie que j'admire, il est comme moi... il est amoureux... L'amour et la musique, il n'y a que cela de bon au monde !... (Vi-

vement.) Et mon opéra à moi que ça me fait oublier.. Allons, au travail... et pour que personne ne vienne me déranger...
(Il va fermer la porte du fond, puis il place devant le pupitre la feuille de papier où sont écrites les paroles.)

Vite à l'ouvrage! et du courage !
A moi trombone, à moi clairon !
Avec du bruit et du tapage,
On peut, dit-on, se faire un nom !
Ici je mets des clarinettes
Que je soutiens par le basson.
  Pon ! pon ! pon ! pon !
Et puis l'appel de la trompette,
  Tron ! tron ! tron ! tron !
C'est magnifique ! Allons, courage !
Ah ! quel orchestre ! ah ! quel tapage !
 Ah ! la belle partition !
  Pon ! pon ! pon ! pon !

SCÈNE V.

FABIO, assis devant le piano, CAFARINI, frappant au dehors, à la porte du fond.

CAFARINI, frappant.
Monsieur ! monsieur ! pan ! pan ! pan ! pan ! pan !
FABIO, toujours travaillant.
Eh ! qui donc frappe de la sorte ?
CAFARINI, en dehors.
Pan ! pan ! pan ! pan ! pan ! pan !
Ouvrez, ou j'enfonce la porte !
FABIO, se levant avec impatience.
Ah ! c'est à briser le tympan !
(Ouvrant la porte à Cafarini qui paraît, tenant à la main une plume et un papier de musique.)
Quoi ! ne pas frapper en mesure,
Signor Cafarini, mon savant professeur !
CAFARINI.
Je ne puis plus tenir aux tourmens que j'endure.
C'est indigne ! c'est une horreur !
FABIO, froidement.
Qu'avez-vous donc ?
CAFARINI, avec colère.
Je commençais avec courage
Un vrai chef-d'œuvre, mon Stabat.
Comment finir un tel ouvrage,
Au milieu d'un pareil sabbat !
J'entends au dessus de ma tête
La clarinette et le basson.
  Pon ! pon ! pon ! pon !
Et puis l'appel de la trompette,
  Tron ! tron ! tron ! tron !
C'est à vous ôter le courage,
Comment, avec un tel tapage,

Finir cette partition !
Je ne le puis ! non ! non ! non ! non !
FABIO.
C'est vous qui blâmez le tapage ?
Quand vous m'en prescrivez l'usage...
CAFARINI.
Qui ! moi !
FABIO.
Vous, dans chaque leçon !
CAFARINI.
Mais non pas avec le clairon !
Fi donc ! fi donc !
Pour accompagner le plain-chant,
Parlez-moi du grave serpent.
(Imitant le serpent.)
  Pon ! pon ! pon ! pon ! pon !
FABIO.
Fi donc ! fi donc !

ENSEMBLE.

CAFARINI.
Vive le serpent !
 Pon ! pon ! pon !
 Pon ! pon ! pon !
FABIO.
Vive le clairon !
 Tron ! tron ! tron !
 Tron ! tron ! tron !
CAFARINI, le faisant taire.
Assez ! car en dépit du travail le plus rude...
(Montrant son papier de musique.)
Rien ne me vient, pas un chant, un motif...
Je n'ai rien pu trouver...
FABIO, à part.
   Selon son habitude.
CAFARINI.
Aussi, monsieur, j'ai pris un parti décisif...
FABIO.
Lequel ?
CAFARINI.
Vous me devez un terme,
Non... vous m'en devez deux !
FABIO.
  C'est juste !
CAFARINI, à part.
    En parlant ferme,
Il va payer, se taire, ou s'en aller !
FABIO, à part.
Et mon bon frère à qui j'oubliai d'en parler !

ENSEMBLE.

CAFARINI.
Heureuse menace
Qui d'ici le chasse,
Et me débarrasse
D'un voisin gênant,
Qu'au diable je donne
Et que j'abandonne,
Car je le soupçonne
D'avoir du talent !

FABIO, souriant.

Terrible menace
Qui d'ici me chasse!
Viens à moi, de grâce,
Mon ange charmant!
Ma belle patronne,
Dont l'âme si bonne,
Jamais n'abandonne
L'artiste indigent!

CAFARINI.

Allons, signor, il faut ou sortir, ou payer.

FABIO, tâtant son gousset.

Pas d'argent! s'il en veut sur-le-champ, comment faire?

CAFARINI, à part, avec joie.

Pas d'argent!

FABIO, qui s'est approché de la table à gauche pour chercher.

Dieu! que vois-je écrit sur ce papier!
(Lisant.)
« Loyer de Fabio. »
(Ouvrant le petit paquet cacheté sur la table.)
Doux et nouveau mystère!
Encore elle!...
(A Cafarini, lui remettant l'or que contient le papier.)
Tenez, prenez... soyez content!

CAFARINI.

O ciel! de l'or!

FABIO.

De l'or!

CAFARINI, à part.

Lui qui n'a pas d'argent!

ENSEMBLE.

FABIO, riant.

Avide et rapace,
En vain il menace.
Ah! je te rends grâce,
Mon ange charmant!
Ma belle patronne,
Dont la main si bonne,
Jamais n'abandonne
L'artiste indigent!

CAFARINI.

Fatale disgrâce!
En vain je menace
Ce monsieur tenace,
Ce voisin gênant
Qu'au diable je donne
Et que j'abandonne,
Car je le soupçonne
D'avoir du talent!

SCÈNE VI.

LES MÊMES, UN DOMESTIQUE en grande livrée, paraissant à la porte du fond.

FABIO, à part, avec surprise.

Dieu! ses gens... sa livrée... ici, chez moi!

CAFARINI.

La livrée du ministre! (Au domestique qui tient une lettre.) C'est pour moi, sans doute?

LE DOMESTIQUE.

Au seigneur Fabio!

FABIO, prenant vivement la lettre.

Donnez! donnez!

LE DOMESTIQUE.

De la part de ma maîtresse... Mlle de Felino.

CAFARINI, à part.

La fille du ministre!

FABIO, lisant, à part.

« Prie M. Fabio de vouloir bien, dans l'après-
» midi, passer à son hôtel. » (A part, avec joie.)
Enfin, elle me juge digne de sa présence... elle, la
noble dame... (Au domestique.) C'est bien! c'est
bien!... (Tâtant son gousset.) Et rien... Quel dommage d'avoir payé mon terme... je lui aurais tout
donné... (Le domestique sort.)

CAFARINI, s'approchant de Fabio.

Pourrais-je savoir, mon locataire et mon élève,
comment vous recevez de pareils messages, et ce
que vous veut la jeune marquise?

FABIO, cherchant à cacher son trouble.

Moi, j'ignore... je ne sais... le hasard peut-être.
(A part.) Elle va m'attendre cet après-midi... et
nous sommes encore au matin... Encore deux ou
trois heures... Dieu! que c'est long... Non, c'est
juste ce qu'il faut pour ma toilette...

CAFARINI, le regardant avec étonnement.

Qu'a-t-il donc?

FABIO, à part.

Car je ne peux pas me présenter ainsi chez
elle!... Il me faut un habit... un habit de cour...
(Faisant un pas pour sortir.) Je vais en acheter un
tout fait et superbe... (S'arrêtant.) Oui, mais comment?... (Vivement.) Eh! parbleu! à crédit... Mon
frère le paiera, ça lui fera plaisir, j'en suis sûr...
et à moi aussi... Un bel habit vous relève un artiste et lui donne un air grand seigneur... Si je
pouvais me rappeler comment était mon frère
tout à l'heure, ses manières, sa tournure... (A Cafarini.) Pardon, maestro, je vous quitte... Quelques emplettes à faire... un habit brodé...

CAFARINI.

A vous! et pourquoi?

FABIO, avec enthousiasme.

Pourquoi? pourquoi?... (S'arrêtant.) Vous ne le
saurez pas!... (A part.) Moi, Fabio, un rendez-

vous, le premier de ma vie !... et avec une grande dame encore... (Se frappant le front.) Ah ! mon Dieu ! et les manchettes, et le jabot, et l'épée !... Ah ! mon pauvre frère, je te plains !... Ça va nous coûter cher !... (Haut, à Cafarini.) Adieu ! adieu ! maestro, je vous laisse... Faites comme chez vous...

(Il sort.)

SCÈNE VII.

CAFARINI, seul.

Comme chez moi, dit-il... J'y suis parbleu bien... Mais, pour lui, la raison... (Montrant sa tête.) absente du logis !... Décidément, il est timbré... et il y aurait du danger à le garder ici plus longtemps... J'aurais déjà dû, il y a six mois, dès son premier accès de folie, le mettre à la porte de chez moi... C'est Gina, ma nièce, qui m'en a empêché... et cela m'est suspect... Pourquoi préfère-t-elle l'état de couturière au sort brillant que je lui propose ?... la main de son oncle et son tuteur, la main du signor Cafarini, organiste, compositeur religieux et moral... Et me refuser, sous prétexte qu'elle ne m'aime pas... Ce n'est pas naturel... Il y a quelque chose entre elle et ce Fabio... mon élève, cet ingrat qui me doit tout... ce serpent que j'ai réchauffé dans mon sein, à deux piastres le cachet... Je le saurai... Qu'est-ce qu'il fait là ?... (S'approchant du clavecin.) De la musique profane, sans doute, au lieu de composer, comme moi, quelque bon *Requiem* ou quelque *Dies iræ*...

(Prenant le papier qui est sur le clavecin et le lisant.)

« O toi, dont l'œil rayonne
» De mille traits vainqueurs,
» Sans sceptre ni couronne,
» Tu règnes sur les cœurs !... »

(Achevant à voix basse.) Des vers, une déclaration... (Remettant le papier sur le pupitre.) Des déclarations dans une mansarde... Et pour qui ? je vous le demande... A moins que ce ne soit pour...

SCÈNE VIII.

CAFARINI, GINA.

GINA, accourant par la porte du fond.

Mon oncle ! mon oncle !

CAFARINI, à part.

Encore elle !... (Haut.) Qu'est-ce que tu viens faire ici ?...

GINA.

Vous chercher... Il y a quelqu'un chez vous qui vous demande et qui attend !

CAFARINI.

Il attendra... J'ai à vous parler !...

GINA.

Je ne peux pas... Un des gens de la marquise sort de la maison.

CAFARINI.

Je le sais !

GINA.

Elle m'attend chez elle !

CAFARINI.

Tu n'iras pas !

GINA.

La fille du ministre !...

CAFARINI.

Eh ! qu'importe !... Tu ne peux pas aller ainsi à l'autre bout de la ville, seule et à pied !

GINA, étourdiment.

Ah ! la signora voulait m'envoyer encore sa voiture comme autrefois... mais j'ai refusé...

CAFARINI.

Et pourquoi ?

GINA.

Dame ! ses chevaux sont si fougueux !

CAFARINI.

Allons donc !

GINA.

Ils n'auraient qu'à s'emporter !...

CAFARINI.

Impossible !

GINA, à part, secouant la tête.

Oui, impossible !... Si je lui avais dit... Mais je n'ai eu garde...

CAFARINI.

C'est moi qui te conduirai chez elle !...

GINA.

Puisqu'on vous attend en bas !...

CAFARINI.

Qu'on aille à tous les diables !

GINA.

Parler ainsi !... vous, mon oncle... vous qui êtes un saint homme !

CAFARINI.

En musique !... mais non pas en paroles... Et je t'ai dit que j'avais des comptes à te demander, comme ton tuteur !...

GINA.

Il me semble, dans ce cas-là, que ce serait plutôt à moi...

CAFARINI.

Du tout !... Qu'est-ce que tu fais de ton argent ?... Tu n'en as jamais... et tu travailles jour et nuit pour les plus riches dames de la cour...

GINA.

Justement ! ce sont celles-là qui ne paient pas...

CAFARINI.

C'est faux!... le dernier mémoire de la marquise Clélia se montait à vingt-cinq ducats, qu'elle t'a payés il y a un an... Tu lui as demandé avant-hier de t'avancer, sur son nouveau mémoire, soixante piastres... je le sais... Qu'en as-tu fait?

GINA.

Je me suis acheté une robe!

CAFARINI, se récriant.

Soixante piastres!...

GINA.

Et la façon?... Les couturières sont si chères!...

CAFARINI, de même.

Soixante piastres!... Il t'en reste... il me les faut... je les veux!

GINA.

Ça suffit! (Voyant Cafarini prendre sur le clavecin l'or que lui a donné Fabio.) C'est comme si vous les aviez... Ah! ce monsieur que j'oubliais... ce monsieur qui attend toujours et qui a l'air de quelqu'un comme il faut!

CAFARINI.

Qu'il soit ce qu'il voudra... qu'est-ce que cela me fait, à moi... artiste indépendant et libre par caractère!...

SCÈNE IX.

Les Mêmes, le MARQUIS.

LE MARQUIS, à la porte du fond.

Eh bien! caro maestro?

CAFARINI, s'inclinant.

Dieu! le premier ministre!... Monseigneur le marquis de Felino!

GINA, le regardant et à part.

Quoi! c'est là le ministre!...

LE MARQUIS, à Cafarini.

A qui tu fais faire antichambre!

GINA, à part.

Et qui le rendra à bien d'autres!

LE MARQUIS.

Laissez-nous, jeune fille!

CAFARINI.

Oui, laisse-nous... Mais ne pars pas sans moi, je te le défends bien!

GINA.

Oui, mon oncle! (Elle sort par le fond.)

SCÈNE X.

CAFARINI, LE MARQUIS.

CAFARINI.

Je ne me pardonnerai jamais d'avoir forcé Votre Excellence à monter jusqu'ici!

LE MARQUIS, d'un air profond.

Je ne déteste pas monter... Ce qui me plairait moins...

CAFARINI.

Ce serait le contraire!... Mais Votre Excellence a trop de talent et de génie pour que jamais... Je lui proposerai cependant de descendre chez moi...

LE MARQUIS.

Où sommes-nous ici?...

CAFARINI.

Dans une mansarde que je sous-loue à un de mes élèves qui vient de sortir.

LE MARQUIS.

De sorte que nous sommes encore chez toi sans y être!... J'aime mieux cela!... Il est inutile que l'on connaisse ma visite, et tu défendras même à ta nièce...

CAFARINI

Oui, Excellence... Elle, moi, toute ma famille, nous vous sommes dévoués!

LE MARQUIS

Et tu fais bien!... C'est par là que tu as obtenu cette place d'organiste qui me répond de ton zèle et de ta fidélité.

CAFARINI.

Monseigneur a raison... Une place est une garantie... Et si Votre Excellence se défie de moi et veut augmenter encore ses garanties...

LE MARQUIS.

Celle-là me suffit... quant à présent... Car au moindre mécontentement...

CAFARINI, souriant.

J'entends... j'entends... et reconnais l'adroite et profonde politique du premier homme d'état de l'Italie!

LE MARQUIS.

Que veux-tu?... Appelé à porter le fardeau le plus pesant, à gouverner à la fois Parme, Plaisance, Guastalla et Bussetto... soixante lieues de territoire, sous un souverain qui, par son caractère indécis, sauvage et jaloux, me rappelait le roi de France Louis XIII... je me suis dit: Il faut être Richelieu.. C'est le programme que je me suis tracé... et je ne crois pas m'en être écarté!...

CAFARINI.

Au contraire... vous avez été plus loin!

LE MARQUIS.

En certains points, je ne dis pas!.. Le cardinal gouvernait son maître... le mien ne pense que par moi ou plutôt il ne pense pas... Le cardinal s'était fait détester de toute la cour... je crois y avoir réussi... Le cardinal faisait des vers... et je m'en tire assez bien!

CAFARINI.

Des vers délicieux!

LE MARQUIS.

J'ai de plus, ce qu'il n'avait pas... quelque goût pour la musique...

CAFARINI.

Dites une vocation décidée... une facilité et une imagination... Vous auriez fait des chefs-d'œuvre...

LE MARQUIS.

Certainement !... Mais je n'ai jamais le temps... accablé comme je le suis par les affaires d'état... Et voilà, mon cher, pourquoi je viens te trouver... Il y a demain, au palais du grand-duc, un concert, où toutes nos beautés et nos jeunes seigneurs comptent se distinguer... Toute la guitarerie de la cour est déjà en émoi... Et pour leur montrer que je suis leur maître à tous, j'ai esquissé ce matin les paroles et la musique d'un morceau vigoureusement travaillé et instrumenté... qui exciterait, je crois, quelque enthousiasme, si j'avais le loisir de l'achever... Mais, pas un instant à moi !... et dans ce moment encore on m'attend au conseil... et j'ai voulu auparavant, et sous le sceau du secret, te donner cela à terminer...

CAFARINI.

Comment donc, monseigneur !... trop heureux d'une pareille confiance... Donnez-moi... donnez vite...

LE MARQUIS.

Je n'ai encore rien d'écrit... mais je vais te l'expliquer si clairement que tu comprendras tout de suite... D'abord, quant aux paroles, c'est un projet... un projet de canevas... pour une espèce de... de...

CAFARINI.

De romance !

LE MARQUIS.

Juste !... Ce mot-là te traduit toute ma pensée... Ce sont d'abord, comme dans toutes les romances, des plaintes, des soupirs, du langoureux... Tu entends ?

CAFARINI.

Oui, monseigneur !

LE MARQUIS.

Une espèce de déclaration... déclaration élevée... comme pour une... grande dame... Ça te dit tout...

CAFARINI.

Oui... si je sais le nom de la dame.

LE MARQUIS.

Au contraire !... c'est du mystère qu'il nous faut... L'amour et le mystère... le mystère et l'amour... du gracieux, et en même temps du trait, du brillant, du scintillant... Que diable ! c'est tout fait... Je te donne les idées... Arrange cela maintenant... je reviendrai.

CAFARINI.

Mais un instant, monseigneur... Je voulais vous demander...

LE MARQUIS.

Que veux-tu de plus ?... A moins que je ne fasse tout moi-même.

CAFARINI.

Ça n'en vaudrait que mieux... Et si vous vouliez seulement m'aider un peu...

LE MARQUIS.

Au fait, j'ai encore un quart d'heure d'ici au conseil... soit ! Nous allons composer cela à nous deux !...

DUO.

ENSEMBLE.

LE MARQUIS.

Viens, que par toi nos muses soient guidées !
Dieu des beaux-arts...
(Regardant Cafarini.)
Dis-lui tout bas
Par quel moyen on trouve des idées,
Quand par hasard on n'en a pas !

CAFARINI.

Viens, que par toi nos muses soient guidées !
Dieu des beaux-arts, dis-nous tout bas
Par quel moyen on trouve des idées,
Quand par hasard on n'en a pas !

LE MARQUIS, allant s'asseoir à la table à gauche et se frottant la tête en cherchant.

Voyons ! voyons ! « O toi !... » Hum ! hum ! « O toi !... »

CAFARINI, cherchant de même, à droite, près du clavecin.

« O toi !... »
(A part, et regardant le papier qu'il a remis sur le clavecin.)
Dieu ! qu'est-ce que je vois !
Ah ! pour nous l'idée en est bonne !
(Lisant deux vers, et s'avançant vers le marquis qui est toujours assis.)
« O toi, dont l'œil rayonne
« De mille traits vainqueurs... »

LE MARQUIS, écrivant.

C'est ce que je disais... du trait, du scintillant...
Du brillant... « Rayonne !... rayonne ! »
(Regardant ce qu'il vient d'écrire.)
De rayonne... je suis content,
Ce vers me semble heureux.

CAFARINI, feignant de composer en se promenant, et lisant deux autres vers sur le papier qu'il tient à la main.

« Sans sceptre ni couronne,
» Tu règnes sur les cœurs ! »

LE MARQUIS, vivement.

Du tout ! du tout !... Voyez, si je n'étais pas là
Pour lui corriger tout cela !
(Écrivant à part, et répétant à voix basse.)
« Même sans ta couronne,
» Tu règnes sur les cœurs ! »
(Se frottant le front et cherchant.)
Tu règnes sur les cœurs... Hum ! hum ! oui, sur les
[cœurs !

CAFARINI, même jeu, revenant près du marquis.
« Je t'aime sans le dire ! »
LE MARQUIS, vivement.
Juste le vers que je dictais,
Quand à l'instant je te disais :
De l'amour ! du mystère...
CAFARINI.
Oui, vraiment, c'est parfait.
LE MARQUIS.
L'amour et le mystère... c'est
« Je t'aime sans le dire ! »
CAFARINI, au marquis, pendant qu'il écrit.
« Écoute... écoute, autour de toi,
« Et si quelqu'un soupire...»
LE MARQUIS, d'un air d'inspiration.
Attends ! attends... je changerais...
CAFARINI.
Pourquoi ?
LE MARQUIS, brusquement.
J'en suis bien le maître !...
CAFARINI.
Oh ! vous l'êtes...
Car ces vers, c'est vous qui les faites...
LE MARQUIS.
Et je les tiens... je croi !
(Écrivant, à voix basse.)
« Princesse ! écoute autour de toi,
(Haut.)
« Et si quelqu'un soupire...»
CAFARINI, même jeu, et répétant.
« Et si quelqu'un soupire...
» C'est moi ! c'est moi ! »
LE MARQUIS, vivement.
C'est moi !... J'allais le dire !
C'est moi !... Je l'écrivais...
(Lui montrant le papier.)
Vois plutôt... car jamais
Je n'eus d'autre pensée.
(Relisant son papier.)
Oui, l'amour y circule,
(Corrigeant avec sa plume.)
Et si quelqu'un soupire... virgule !
C'est moi !
CAFARINI.
Quel vers charmant !
LE MARQUIS.
Avec un point,
Point d'admiration !
CAFARINI.
Qu'il mérite en tout point !

ENSEMBLE.

CAFARINI, à voix haute.
L'idée est excellente,
La romance est charmante,
(A part.)
Monseigneur, je m'en vante,
Trouve des vers parfaits,

(Haut.)
Ah ! quelle grâce exquise !
Et surtout à sa guise,
Comme il les improvise...
(A part.)
Quand ils sont déjà faits.
LE MARQUIS.
L'idée est excellente,
La romance est charmante
Et la fin, je m'en vante,
Produira quelque effet !
Je ris de la surprise
Et je veux que l'on dise :
C'est une grâce exquise,
C'est divin ! c'est parfait !
(Le marquis se lève et plie le papier sur lequel il vient d'écrire.)
CAFARINI.
Monseigneur en fait-il encore un ?
LE MARQUIS.
Non, vraiment !
Ce couplet me suffit... il dit tout... A présent,
Composons la musique...
CAFARINI, à part.
Ah ! c'est embarrassant.

ENSEMBLE.

Viens, que par toi nos muses soient guidées !
Dieu des beaux-arts, etc.
LE MARQUIS, avec inspiration.
Ecoute bien !
CAFARINI, s'approchant vivement.
J'écoute !
LE MARQUIS.
Il me faudrait d'abord
Comme un son prolongé de hautbois ou de cor...
Quelque chose de doux, de tendre, de suave !...
Tu comprends ?...
CAFARINI.
A merveille... et je voudrais pourtant...
LE MARQUIS.
Écoute bien !
CAFARINI.
J'écoute !
LE MARQUIS.
Il me faudrait un chant
A la fois distingué... mystérieux et grave,
Tu me comprends ?...
CAFARINI.
Parfaitement !
LE MARQUIS, lui remettant la feuille de papier.
Voilà le thème... et tu peux maintenant
L'arranger à ton gré....
CAFARINI.
Permettez, Excellence !
LE MARQUIS.
Mais surtout ne va pas, ce système est le tien,

Me gâter, par trop de science,
Le motif que j'ai dit, et qui me paraît bien...
CAFARINI.
Très bien!
LE MARQUIS.
N'est-il pas vrai?
CAFARINI.
Très bien! très bien!

ENSEMBLE.

CAFARINI.

L'idée en est chantante,
La musique excellente,
Et monseigneur n'invente
Que des motifs parfaits!
(A part.)
Ah! maudite entreprise,
Que Satan l'exorcise!
Les airs qu'il improvise
Ne sont pas encor faits!...

LE MARQUIS.

L'idée en est chantante,
Ma romance est charmante,
Le motif, je m'en vante,
Produira quelque effet!
Je ris de leur surprise!...
Et je veux que l'on dise :
C'est une grâce exquise,
C'est divin, c'est parfait!

SCÈNE XI.

LES MÊMES, FABIO, *portant un paquet.*

FABIO, *entrant vivement par la porte du fond.*
Maintenant... à ma toilette!... (*Apercevant Cafarini.*) Encore ici, maestro!... C'est bien! c'est bien!... que je ne vous gêne pas, ainsi que monsieur... (A part.) Quelque organiste de sa connaissance et de sa force... Pardon!... je suis pressé!... (*Il entre dans la chambre à gauche.*)

LE MARQUIS, à Cafarini.
N'est-ce pas là l'élève dont tu me parlais?... Je l'ai deviné tout de suite... (*Prêt à partir.*) Adieu!... adieu!... Ne perds pas de temps... il me faut cela pour ce soir.

CAFARINI, qui a regardé le papier de musique que lui a remis le marquis.
Mais, un instant, monseigneur... un instant... je crains que, dans la chaleur de la composition, Votre Excellence ne se soit trompée!

LE MARQUIS.
Qu'est-ce que c'est?

CAFARINI.
Je vois là... (*Lisant.*)

« Même sans ta couronne,
» Tu règnes sur les cœurs! »

LE MARQUIS.
Silence!

CAFARINI, *continuant.*
« Je t'aime sans te le dire,
» Princesse... »

LE MARQUIS.
Silence, te dis-je!... C'est parce que je compte sur ton dévoûment, que tu ne dois rien voir et rien entendre... C'est ce qu'il faut pour le confident d'un ministre... aveugle et sourd...

CAFARINI.
Oui, mais pour un compositeur...

LE MARQUIS, à demi-voix.
Eh bien! donc, si tu ne l'as pas deviné... notre souverain ne voit que par mes yeux... mais la grande-duchesse, sa femme, est mon ennemie, et, ne pouvant la vaincre, il faut la gagner... Elle a été autrefois jolie et coquette... Et la coquetterie, c'est comme l'ambition... des qualités durables qui ne vous quittent pas... Et puis, le cardinal de Richelieu aimait Anne d'Autriche.. C'est ce qui m'a décidé...

CAFARINI.
C'est juste... cela vous revient de droit...

LE MARQUIS.
On recevra cette déclaration... sans savoir d'abord de qui elle vient... Et, d'après l'effet que j'étudierai, nous continuerons notre correspondance musicale chaque jour... Ce qui nous sera aisé, vu notre facilité!...

CAFARINI, à part.
O ciel!...

LE MARQUIS.
Par là, j'éveille son imagination, sa curiosité... peut-être même d'autres idées... Enfin, chaque jour nous demandons une réponse... Et si on nous en envoie une... ne fût-ce qu'en musique... je tiens à mon tour notre souveraine... Elle craint son mari qui est jaloux.. jaloux de tout le monde...

CAFARINI.
En vérité?...

LE MARQUIS.
Je ne lui laisse que cela à faire... Je forcerai bien alors notre grande-duchesse à renvoyer tous ceux qui ont voulu me renverser... Primo, ce comte de Fiesque... d'autant plus mon ennemi mortel, qu'il a une place superbe... grand-maître du palais... Je le destitue... je l'exile... peut-être mieux... Je ferai ce que je pourrai!

CAFARINI.
C'est trop juste!... (*D'un air câlin.*) Et comme vous pouvez me donner la place de maître de chapelle de la cour...

LE MARQUIS.
C'est ce que nous verrons... si tu me sers avec zèle, intelligence et surtout discrétion... Sinon, à l'instant même à la Bastille!... (*Se reprenant.*) Qu'est-ce que je dis?... la citadelle de Parme!...

ACTE I, SCÈNE XI.

CAFARINI, *s'inclinant en riant.*
Monseigneur est toujours dans son rôle!...
LE MARQUIS.
Et toi, n'oublie pas le tien!... Il faut que, ce soir, cette romance soit mise au net, paroles et musique... le tout, recopié de ta main... Entends-tu bien?
CAFARINI.
Oui, monseigneur.
LE MARQUIS.
Et tu conserveras précieusement mon premier jet... mon brouillon, l'original... que tu me remettras...
CAFARINI.
Oui, monseigneur.
LE MARQUIS.
Et, maintenant, je vais au conseil... Adieu! adieu!   (*Il sort par la porte du fond.*)
CAFARINI, *après avoir reconduit le marquis, revient sur le devant du théâtre.*

FINALE.

Ah! ma fortune est faite, et j'en rends grâce à Dieu!
Moi, nouveau confident d'un nouveau Richelieu!
(*Montrant le papier où est écrite la romance.*)
Je tiens là, dans mes mains, habile politique,
Le secret de l'état, que je mets en musique!...

CAVATINE.

Douce espérance!
Honneurs! crédit! puissance!
Je les vois tous
A mes genoux!
Courtisans complaisans,
Et charmans!
Je les vois tous me supplier,
Et s'écrier :
Votre excellence!
Votre éminence!
Votre insolence!
Ah! d'avance,
Quand j'y pense,
Quel beau métier!
Quel agrément!
Ah! c'est charmant,
D'être puissant,
D'être insolent,
Ah! c'est charmant!

Mais!... le temps presse... il faut se dépêcher!
Où trouver du nouveau?... Je vais aller chercher
Dans mes vieux *Requiem*... j'en avais de fort drôles!
(*Il fait quelques pas pour sortir.*)
Mais ces airs-là jamais n'iront sur ces paroles...
C'est embarrassant!
(*Entendant, dans la chambre à gauche, Fabio qui chante.*)
Ah! c'est lui! toujours lui!

(*Regardant par le trou de la serrure.*)
Il s'habille en chantant... je l'aperçois d'ici!
Et comme il se fait beau!
FABIO, *en dehors, chantant à pleine voix.*
Tra, la, la, la, la!
« O toi, dont l'œil rayonne
« De mille traits vainqueurs!... »
CAFARINI, *écoutant.*
Qu'entends-je?... ô hasard qui m'étonne!
Eh! oui, vraiment... c'est bien cela!
(*Il prend vivement un papier rayé et écrit, près de la porte, sur la table à gauche.*)
FABIO, *en dehors.*
« O toi, dont l'œil rayonne... »
CAFARINI, *répétant en chantant, et écrivant.*
« O toi, dont l'œil rayonne... »
FABIO, *de même.*
« De mille traits vainqueurs!... »
CAFARINI, *de même.*
« De mille traits vainqueurs!... »
FABIO, *de même.*
Tra, la, la, la, la, la, la!
CAFARINI, *de même, répétant la phrase musicale.*
Tra, la, la, la, la, la, la!
FABIO, *de même.*
Tra, la, la, la, la la!
CAFARINI, *de même.*
Tra, la, la, la, la, la!
FABIO, *en dehors.*
« Oui, je t'aime sans le dire! »
CAFARINI, *de même.*
« Oui, je t'aime sans le dire! »
FABIO.
Tra, la, la, la, la, la!
« Et si quelqu'un soupire. »
CAFARINI.
« Et si quelqu'un soupire. »
FABIO.
« C'est moi! »
CAFARINI.
« C'est moi! »

ENSEMBLE.

« C'est moi! c'est moi! »
CAFARINI, *seul.*
Oui, le voilà, je tiens mon air!
Oui, je le tiens, et j'en suis fier!
GINA, *en dehors, appelant.*
Mais, mon oncle! mon oncle!
CAFARINI.
A l'autre, maintenant!
GINA, *en dehors.*
C'est l'heure de partir!
CAFARINI, *à la porte du fond, qui est restée ouverte.*
Je descends à l'instant!

(Fabio sort de la chambre à gauche, à moitié habillé et coiffé, et n'ayant pas encore son habit; il entre sans voir Cafarini, qui est au fond du théâtre, sur le seuil de la porte. Il prend une petite glace qui est sur la table, et se regarde.)

ENSEMBLE.

FABIO, devant la glace.
Oui, vraiment, d'un tel air,
On pourrait être fier!

Pas mal, pas mal, oui-da!
Ah! ah! ah! ah! ah! ah!

CAFARINI, au fond du théâtre.
Moi, j'ai trouvé mon air,
Je le tiens!... j'en suis fier!

(La toile tombe au moment où Cafarini sort par la porte du fond, qu'il referme, pendant que Fabio, debout devant la glace, continue sa toilette en chantant.)

ACTE DEUXIÈME.

Un boudoir dans le palais du ministre. — Porte au fond, deux portes latérales. — A gauche, une table sur laquelle est une guitare. — A droite, un canapé et une console, où se trouvent une pendule et des vases de fleurs.

SCÈNE I.

GINA, entrant par la porte du fond, et ayant l'air de parler à un domestique.

RÉCITATIF.

La signora, dit-on, près de moi va se rendre.
Rien ne presse... à loisir ici je puis attendre...
Je rêve à Fabio... Fabio, mon ami!
Et le temps est moins long, lorsque je pense à lui!

AIR.

Je sais bien qu'il m'adore.
Pourtant il n'ose encore
Du feu qui le dévore
Me faire enfin l'aveu!
Il veut se taire,
Il a beau faire,
Tout me dit là
Qu'il parlera...
J'approuve son silence,
Et je le conçois bien :
Mon oncle a l'opulence,
Et Fabio n'a rien!...

Mais je sais bien qu'il m'adore, etc.

RÉCITATIF.

Puis, enfin, on est pauvre à présent... mais n'importe!
Quand on a du talent... et je sais qu'il en a...
La fortune un beau jour arrive à votre porte!
Et Fabio parviendra...
Son opéra réussira!

CAVATINE.

O rêve doux et tendre,
Dont mon cœur est ravi!
Ah! quel plaisir d'entendre
Applaudir son mari!
Et, l'ivresse dans l'âme,
Pendant qu'on dit : Bravo!
De dire : Je suis femme
De ce grand maestro!
C'est moi qui suis la femme
De ce grand maestro!

Ces cavatines qu'il compose,
Sa femme avec lui les dira :
Ah! ah! ah! ah! ah! ah!
Oui, sa femme les chantera,
Car c'est elle, je le suppose,
Qui les inspirera!...

O rêve doux et tendre, etc.

Quel bruit a retenti soudain?...
C'est l'ouvrier, soir et matin,
Fredonnant un joyeux refrain...
Il chante, en revenant chez lui,
Il chante un air de mon mari :
Tra, la, la, la, tra, la, la!

Voyez ce bal si gracieux,
Et dont l'éclat charme les yeux...
L'orchestre, aux sons harmonieux,
Redit les airs de mon mari,
Pendant que je danse avec lui...
Et quand je sors, m'appuyant sur son bras,
C'est son nom qu'en passant on murmure tout bas.
Peut-être il n'entend pas;
Mais moi... quel bonheur!...

O rêve doux et tendre, etc.
(Regardant vers le fond.)
C'est mon oncle et le ministre!...

SCÈNE II.

GINA, LE MARQUIS, CAFARINI.

LE MARQUIS, d'un air joyeux.

Oui, mon cher, j'ai à te parler... (Apercevant Gina.) Laissez-nous, ma chère enfant... Ma fille, qui, en sa qualité de première demoiselle d'honneur, est en ce moment près de sa souveraine, ne peut tarder à rentrer...

(Sur un geste du marquis, Gina entre dans la chambre à droite.)

CAFARINI, d'un air de triomphe.

Eh bien! monseigneur, êtes-vous content de votre ouvrage?

LE MARQUIS.

Là, toi-même, sans me flatter... qu'en dis-tu?

CAFARINI.

C'est délicieux!... paroles et musique!

LE MARQUIS.

Cela me semble, en effet, pas mal... D'abord, ce qui est bon signe... tu l'as vu... ça n'est pas cherché, tourmenté... ça m'est venu tout seul...

CAFARINI.

Et sans peine!

LE MARQUIS.

Et puis, c'est tout uniment ce que je voulais... une bluette sans conséquence, que répéteront demain tous les clavecins et toutes les guitares... Quant à toi, Cafarini... il faut te rendre justice... tu as bien arrangé cela !...

CAFARINI, s'inclinant.

Monseigneur!...

LE MARQUIS.

Tu as saisi mes intentions avec goût, avec adresse... C'était une romance... et tu en as fait une barcarolle charmante!...

CAFARINI, de même.

Ah! monseigneur!... Et puis, vous avez vu comme c'est écrit... comme c'est moulé, gravé, recopié en entier, par moi, sur un petit carré de papier grand comme la main.

LE MARQUIS.

Ce qui m'a été fort utile... car, sans que personne m'ait vu, j'ai pénétré dans le boudoir de la princesse, qui se promenait alors dans ses jardins... j'ai glissé notre déclaration dans sa corbeille à ouvrage... Et, comme elle brode en ce moment des armes, une couronne, pour le grand-duc, son époux... il est impossible que notre missive n'arrive pas promptement à son adresse.

CAFARINI.

Faire servir une galante intrigue à vos desseins politiques... c'est admirable!

LE MARQUIS, avec modestie.

C'est du Richelieu!...

CAFARINI.

Tout pur!... Aussi, rien qu'à vous regarder, on prendrait du génie!

LE MARQUIS.

Prends, mon cher, prends... je ne t'en empêche pas... Tâche de te former... et je pourrai faire de toi...

CAFARINI, avec humilité.

Le nouveau père Joseph du grand-cardinal?...

LE MARQUIS.

C'est une idée qui compléterait l'ensemble... Et, au fait, plus je te regarde... tu en as un peu l'air... et les paroles... Silence! c'est ma fille...

CAFARINI.

Et ma nièce...

SCÈNE III.

LES MÊMES, CLÉLIA, GINA, sortant toutes deux de la porte à droite.

CLÉLIA.

Que je te demande pardon, ma pauvre Gina... voilà deux heures que je te fais attendre... (Apercevant le marquis.) Vous ici, monseigneur, dans mon appartement?...

LE MARQUIS.

Oui, ma fille, je venais vous voir.

CLÉLIA.

Et vous faites bien... On ne se voit plus... on n'a plus de famille, quand on a un père ministre et qu'on est première demoiselle d'honneur au palais.

LE MARQUIS.

C'est à moi que vous devez ce brillant avantage...

CLÉLIA.

Et cet ennui.

LE MARQUIS, avec sévérité.

Ma fille, l'homme d'état et tous les siens doivent savoir s'ennuyer... c'est une science...

CLÉLIA.

Que j'ai possédée tout de suite, et qu'il n'y a pas besoin de me faire étudier tous les jours... Ce matin au palais, près de la grande-duchesse... y retourner tout à l'heure pour la réception... et ce soir encore... Pas un moment pour les occupations utiles ou les affaires sérieuses... (A Gina.) Cette robe de bal dont, nous devons parler... et pour laquelle je t'ai fait demander...

LE MARQUIS, avec gravité.

C'est important cependant.

CLÉLIA.

Aussi, Gina me reste... (A Cafarini.) Vous ne me l'emmenez pas, maestro... je la garde ici deux ou trois jours... (Montrant la chambre à droite.) Sa chambre est là, près de la mienne.

CAFARINI.
Permettez, signora...

CLÉLIA.
Il s'agit d'un bal masqué, d'un costume vénitien, dont nous étudierons ensemble le dessin, et qu'elle exécutera sous mes yeux...

LE MARQUIS.
Ma fille a raison... il le faut !

CAFARINI.
J'obéis, monseigneur.

LE MARQUIS.
Car ce bal... qui a l'air d'un bal... est d'une importance dont personne ne se doute... personne au monde.

CLÉLIA.
Excepté moi, mon père... et je me hâte de vous prévenir que ce bal ne sera qu'un bal... et que le marquis de Bussetto, qui doit s'y trouver en doge de Venise, perdra son costume et ses pas...

LE MARQUIS.
Et pourquoi, s'il vous plaît ?

CLÉLIA.
Pour des raisons... (Regardant Cafarini et Gina qui se retirent de quelques pas en arrière.) que vous auriez dû deviner. Mais, tout entier aux affaires de l'état, vous savez ce qui se fait à l'étranger... et ignorez ce qui se passe dans votre maison ou dans le cœur de votre fille.

LE MARQUIS.
Je le connaîtrai, signora.

CLÉLIA.
Bien aisément... car je vais vous le dire... Ne me contraignez pas d'épouser le marquis de Bussetto... et, soumise à vos volontés, je ne penserai, si je le puis, à aucun autre... quoiqu'il y ait quelqu'un qui, par son rang, sa fortune, et surtout son amour...

LE MARQUIS.
Quelqu'un qui vous aime ?...

CLÉLIA.
Pourquoi pas ?... Il y a bien quelques personnes qui n'aiment pas les ministres... mais cela ne s'étend pas jusqu'à leurs filles... au contraire... On devrait même, par esprit de justice et d'indemnité...

LE MARQUIS.
Ma fille !

CLÉLIA, baissant les yeux.
Et c'est peut-être pour cela que cette personne m'aime éperdument...

LE MARQUIS, sévèrement.
Clélia, voulez-vous me fâcher ?

CLÉLIA.
M'en préserve le ciel !... (A Gina.) Tu trouveras ce dessin dont nous parlions tout à l'heure... (Lui montrant la porte à droite.) là... dans la pièce à côté. (Se retournant, au marquis, pendant que Gina sort.) Pour dissiper ce léger nuage... et vous rendre votre belle humeur... je veux vous raconter ce qui vient d'arriver tout à l'heure dans le boudoir de la princesse... où j'étais avec elle...

LE MARQUIS, vivement.
Qu'est-ce que c'est ?

CLÉLIA.
Un grand secret... (A Cafarini qui veut s'éloigner.) qui, ce soir, sera connu de toute la cour... Ainsi, il n'y a pas de danger... Je lisais des vers de l'Arioste à Son Altesse, qui venait de reprendre son éternelle broderie, et se disposait à travailler... quand tout à coup...

LE MARQUIS, bas, à Cafarini.
Bravo !

CLÉLIA.
Paraît le grand-duc, son mari !

CAFARINI, bas, au marquis.
O ciel !

LE MARQUIS, lui serrant la main.
Du sang-froid !

CLÉLIA.
Il entre d'un air préoccupé... comme quelqu'un qui penserait... Il calculait de tête le nombre de girandoles nécessaires pour la salle du bal... « Un crayon, me dit-il, un crayon, signora... » Et comme je n'en avais pas, il s'élance vers la corbeille à ouvrage de la princesse... et, en la bouleversant, il trouve une petite feuille de musique d'une superbe écriture...

LE MARQUIS, bas, à Cafarini.
La tienne !

CLÉLIA.
Une barcarolle charmante, contenant une déclaration d'amour...

CAFARINI, bas, au marquis.
La vôtre !

CLÉLIA.
« Je vous aime, princesse, et n'ose vous le » dire... » Fureur du grand-duc !... étonnement de sa femme, plus curieuse encore qu'irritée, car ces vers même attestaient son innocence... Et me voyez-vous, obligée par le prince, qui voulait tout connaître, de lui jouer et de lui chanter cet air, pendant que, pâle de colère, il répétait : « C'est un crime de haute trahison... Je saurai qui a écrit cette déclaration !... »

CAFARINI, à part.
Ah ! mon Dieu !

CLÉLIA, continuant.
« Qui a tramé ce complot musical contre notre honneur !... »

LE MARQUIS, à part.
C'est fait de moi !

CLÉLIA, de même.
« Et quel qu'il soit, je le fais pendre à l'instant... à huis clos... et sans bruit... » Tout cela en m'accompagnant de la main, et en battant la mesure à faux sur le clavecin... c'était admirable... Eh ! vraiment ! il me semble que vous n'en riez pas assez !...

ACTE II, SCÈNE IV.

LE MARQUIS, s'efforçant de rire.
Si, ma fille... si... j'en meurs d'envie !
CAFARINI, de même.
Et moi aussi, j'en meurs... (A part.) de peur !
LE MARQUIS.
Mais tu comprends l'importance de l'anecdote... et si on nous voyait... si on nous entendait rire...
CLÉLIA.
Encore un autre ennui de notre position... On ne peut plus rire maintenant... Ah! ah! ah! (Rencontrant un regard du marquis.) Je me tais, mon père... je me tais... (Voyant Gina qui sort de la porte à droite, un dessin à la main.) Je vais m'occuper avec Gina de notre bal... (Prenant le papier des mains de Gina.) Voici donc le dessin du costume?
CAFARINI, qui est à gauche du théâtre avec le marquis, lui dit à demi-voix.
Eh bien! Excellence, qu'en dites-vous?
LE MARQUIS, de même et avec impatience.
Je dis... je dis que ça ne me regarde pas... Je te donne au hasard... une idée... une première idée!
CAFARINI, de même.
C'est tout!... c'est la vôtre !
LE MARQUIS.
Non pas... Tu as arrangé mes vers à ta manière... Une romance, dont tu me fais une barcarolle... et tu as tellement chargé ça d'accompagnemens... que je ne reconnais plus le motif... ce n'est pas le mien !
CAFARINI.
C'est bien de vous !
LE MARQUIS.
C'est de toi... et si cela se découvre... je te plains... parce qu'après tout... les preuves sont là... entièrement écrites de ta main...
CAFARINI.
Oui... mais j'ai conservé le brouillon, l'original écrit de la vôtre... Je l'ai là, je vous l'apportais...
LE MARQUIS, s'échauffant.
Et tu vas me le rendre !
CAFARINI, de même.
Permettez, monseigneur !...
CLÉLIA, se retournant au bruit.
Qu'y a-t-il donc?
LE MARQUIS, regardant vers la porte du fond.
Quelqu'un qui arrive !... Qu'est-ce?

SCÈNE IV.

LES MÊMES, UN DOMESTIQUE, puis FABIO.

LE DOMESTIQUE, annonçant.
Le signor Fabio, qui se dit musicien...

GINA, à part.
C'est lui !
LE DOMESTIQUE.
Il prétend qu'il est attendu par madame la marquise.
CLÉLIA.
C'est vrai! c'est vrai!... Qu'il entre !
(Le domestique sort en faisant signe à Fabio d'entrer.)

QUINTETTE.

FABIO, à part.
Comme le cœur me bat... à peine je respire !
CLÉLIA.
Approchez, Fabio !
GINA, regardant Fabio qui est habillé avec élégance.
Comme il est bien ainsi !
FABIO, levant les yeux, après avoir salué, à part.
Dieux ! elle n'est pas seule... et que faire, et que dire ?
CLÉLIA, au marquis.
Mon père !
FABIO, à part, avec crainte.
C'est son père !
CLÉLIA.
        On m'avait aujourd'hui
Recommandé monsieur !
LE MARQUIS.
Eh ! qui donc ?
CLÉLIA, avec un peu d'hésitation.
        Une amie
Que j'estime beaucoup !
FABIO, à part.
C'est adroit !
CLÉLIA.
        On nous prie
D'aider, de protéger ses essais...
CAFARINI, à part, avec humeur.
Pourquoi donc?
CLÉLIA.
C'est un maître déjà fort habile, dit-on !
CAFARINI, bas, au marquis.
C'est faux ! c'est mon élève !
CLÉLIA, s'adressant à Fabio.
        Et monsieur, je l'espère,
Daignera consentir à me donner leçon,
Chaque jour !...
FABIO, à part.
O destin enivrant et prospère !
(Haut, avec trouble.)
Toujours... Quand vous voudrez !
CLÉLIA, souriant.
        Eh bien ! donc, à l'instant !
FABIO.
A l'instant !
GINA, à part, avec joie.
On va voir comme il a du talent !
(Elle va chercher sur la table, à gauche, une guitare, qu'elle présente à Fabio.)

CAFARINI, à part.
Maudit élève!
(Bas au marquis, à gauche du théâtre.)
Je vous jure...
Vous ne me croirez pas... que lui seul est l'auteur
Et des vers et du chant qu'à nous deux, monseigneur,
Nous avons composés...

LE MARQUIS, levant les épaules.
Allons! quelle imposture!

CAFARINI, de même.
Je le lui ferai dire à lui-même...

LE MARQUIS.
A lui!

CAFARINI.
Lui!

FABIO, à part, regardant Clélia.
O bonheur inouï!

GINA, à part, regardant Fabio.
O bonheur inouï!

ENSEMBLE.

CLÉLIA, à Fabio.
De vous l'on dit merveille,
D'après un connaisseur;
Ainsi, je vous conseille
De chanter sans frayeur!

LE MARQUIS.
Je ne sais si je veille...
Pour ces vers enchanteurs,
Surprise sans pareille,
Nous sommes trois auteurs...

FABIO, à part.
Surprise sans pareille,
A moi tant de bonheur!
Je ne sais si je veille,
Je redoute une erreur.

GINA, regardant Fabio.
Ivresse sans pareille.
Mais d'où vient sa frayeur?
Sur lui mon amour veille
Et rêve son bonheur!

CAFARINI, au marquis.
Oui, je vous le conseille,
N'ayez plus de terreur.
Je le sais à merveille,
Lui seul en est l'auteur!

CLÉLIA, à Fabio.
Qu'allez-vous nous chanter?

FABIO, tirant de sa poche un rouleau de musique.
Voulez-vous un morceau
Que l'on vient d'orchestrer?

CLÉLIA.
C'est inédit?

FABIO.
Sans doute!

Et nul ne le connaît!

CLÉLIA.
Très volontiers... J'écoute!

FABIO.
Son mérite du moins sera d'être nouveau!
(Chantant en s'accompagnant sur la guitare.)
« O toi, dont l'œil rayonne
» De mille traits vainqueurs,
» Sans sceptre ni couronne,
» Tu règnes sur les cœurs!
» Oui, je t'aime sans le dire...
» Mais écoute autour de toi,
» Et si quelqu'un soupire,
» C'est moi! c'est moi! »

ENSEMBLE.

CLÉLIA, étonnée.
Qu'entends-je!... Sous ses doigts résonne
Cet air que j'entendis ailleurs!

GINA.
De lui déjà chacun s'étonne.
Ils seront tous ses protecteurs!

LE MARQUIS, surpris.
En effet, sous ses doigts résonne
L'air dont nous sommes les auteurs!

CAFARINI.
C'est bien de lui... Mieux que personne
J'en suis certain... Plus de frayeurs!

FABIO, d'un air content.
Que dites-vous de cet air-là?

CLÉLIA, LE MARQUIS et CAFARINI.
Je reconnais bien cet air-là!

GINA.
Ah! j'aime beaucoup cet air-là!

CLÉLIA, à Fabio.
Certes, monsieur, vous êtes très habile...
Mais je suis curieuse, et veux savoir ici
Qui composa cet air?...

CAFARINI.
Vous le dire est facile!...
Paroles et musique à coup sûr sont de lui!

FABIO, vivement.
Non, non... je ne veux pas me parer d'un mérite
Qui ne m'appartient pas... car c'est d'un grand sei-
LE MARQUIS, avec effroi. [gneur!
O ciel!

FABIO.
Homme d'esprit!

LE MARQUIS.
D'effroi mon cœur palpite...

FABIO, avec chaleur.
Élevé par son rang, et surtout par son cœur!
Et pour vous le prouver en un mot, c'est...

LE MARQUIS, l'empêchant de continuer.
Jeune homme!

FABIO.
Le comte de Fiesque!

TOUS, poussant un cri dans un sentiment différent.
Ah!

ACTE II, SCÈNE V

FABIO.
C'est ainsi qu'on le nomme !
Et vous le connaissez !...
CLÉLIA, avec colère, LE MARQUIS, avec joie.
Ah ! c'est de lui !
FABIO.
De lui...
Je vous l'atteste ici !

ENSEMBLE.

CLÉLIA, à part.
O rage ! ô colère !
Soudaine lumière
Qui brille et m'éclaire
D'un funeste jour !
Pour sa souveraine,
Quand l'amour l'enchaîne,
Qu'en mon cœur la haine
Succède à l'amour !

LE MARQUIS et CAFARINI.
Hasard tutélaire
Qui soudain m'éclaire,
Et dont la lumière
M'embrouille à mon tour !
Mais quoi qu'il advienne,
Au gré de ma / sa haine
Je pourrai sans peine
Il pourra
Le perdre à la cour !

FABIO, à part
Ah ! je dois leur taire
Ce doux nom de frère ;
Un pareil mystère
Doit fuir le grand jour !
Mais quoi qu'il advienne,
L'amitié m'enchaîne,
Ma vie est la sienne...
A lui mon amour !

GINA, à part.
De lui je suis fière,
Mais je dois le taire,
Un pareil mystère
Doit fuir le grand jour !
Mais quoi qu'il advienne,
A lui tout m'enchaîne,
Ma vie est la sienne,
A lui mon amour !

CLÉLIA, à part, avec colère.
Le comte !... le perfide... il aime la princesse...
(Avec mépris.)
Et par ambition !

LE MARQUIS, bas à Cafarini.
Conçois-tu mon ivresse ?...

CAFARINI, de même.
Je n'y conçois plus rien !

LE MARQUIS, de même.
Qu'importe !... un sort heureux

Me sauve de l'abîme... et par un trait d'audace
J'y pousse un ennemi... je le perds à ma place !...
J'y cours... et Richelieu, je crois, n'eût pas fait mieux !

REPRISE DE L'ENSEMBLE.

CLÉLIA.
O rage ! ô colère ! etc.
LE MARQUIS et CAFARINI.
Hasard tutélaire, etc.
FABIO.
Ah ! je dois leur taire, etc.
GINA.
De lui je suis fière, etc.
(Le marquis, après avoir rappelé à Clélia l'heure de la réception, sort par la gauche avec Cafarini.)

CLÉLIA, à part, regardant la pendule.
Oui, oui, voici l'heure... (A Gina.) Mes gants, mon mantelet...
(Gina entre dans la chambre à droite.)

SCÈNE V.

FABIO, CLÉLIA.

FABIO, à part.
Enfin, nous voilà seuls... j'avais tant de choses à lui dire... et je tremble, car elle me regarde...

CLÉLIA, assise sur le canapé, réfléchissant à part, et regardant de temps en temps Fabio.
Cette déclaration adressée à la princesse... cet air qu'il chantait tout à l'heure, est du comte de Fiesque !... du comte qui m'avait recommandé si vivement ce jeune homme !... Ils sont donc liés ensemble... intimement peut-être...

FABIO, à part, regardant Clélia.
Oh ! comme elle est émue !

CLÉLIA.
Et je saurai par lui... (Haut, d'un air gracieux.) Approchez, Fabio !

FABIO, à part.
O bonheur !

CLÉLIA.
J'ai, avant tout, une question à vous adresser... et je réclame votre franchise...

FABIO.
Parlez... disposez de moi... Trop heureux, au prix de ma vie, de vous prouver ma reconnaissance...

CLÉLIA, avec émotion.
Eh bien ! si vous dites vrai... si vous m'êtes dévoué... (Se retournant vivement.) Qu'est-ce ?

SCÈNE VI.

Les Mêmes, GINA, rentrant avec les gants et le mantelet de Clélia.

FABIO, à part.
C'est Gina... quel contre-temps!

CLÉLIA.
Que voulez-vous?

GINA.
J'apportais ce que m'a demandé la signora... et je venais la remercier de ma chambre qui est charmante... et puis, si elle le permet, prendre mesure pour cette robe de bal que je dois commencer!

CLÉLIA, vivement.
Pas dans ce moment... dans un autre!

GINA, lui montrant la pendule.
Mais il se fait tard... voyez plutôt!...

CLÉLIA.
O ciel! c'est vrai!... l'heure de la réception... à peine quelques minutes... et il faut que je sois là... sinon... (A part.) On penserait que la douleur ou le dépit... Non, non, j'irai... (A demi-voix.) Fabio!...

FABIO, s'approchant.
Madame!...

CLÉLIA, à demi-voix, pendant que Gina est assise un instant sur le canapé à droite, pour arranger ses mesures.
J'avais à vous parler... mais, vous le voyez... pas un moment à moi... il faut que je parte... c'est mon devoir... mais après le cercle de la princesse, à neuf heures... je serai seule.

FABIO, à part.
O ciel!

CLÉLIA.
Venez

FABIO, à demi-voix et avec expression.
A moins que je ne sois mort!

CLÉLIA, vivement en lui serrant la main.
C'est bien... Ici... à ce soir!

(Fabio porte à ses lèvres son gant, que Clélia vient de toucher, puis voyant Gina qui se retourne, il salue respectueusement la marquise, et sort par la porte du fond.)

SCÈNE VII.

CLÉLIA, GINA.

GINA, de loin.
Adieu, monsieur Fabio!

CLÉLIA, tout en prenant son mantelet et ses gants.
Vous connaissez M. Fabio?

GINA.
Beaucoup!.... c'est-à-dire, à peine... Il demeure dans la maison de mon oncle... (Lui montrant la mesure de papier qu'elle tient.) Si la signora voulait me laisser lui prendre mesure... ce ne serait qu'un instant... Pendant qu'elle met ses gants et son mantelet... je lui jure qu'elle aura le temps!

CLÉLIA.
Dépêche-toi... (Pendant que Gina lui prend mesure.) Et c'est un honnête jeune homme?

GINA.
Je le crois bien... et si laborieux, qu'il a manqué mourir de travail ou en devenir fou!

CLÉLIA.
Tu m'effraies!

GINA, prenant toujours mesure.
Oh! il est guéri... quoique ça lui reprenne encore de temps en temps... quand il parle de musique... Si la signora voulait lever le bras... Du reste, un homme de mérite... et un cœur...

CLÉLIA.
Auquel on peut se fier!

GINA, se baissant pour mesurer la jupe.
Moi, d'abord, j'aurais toute confiance en lui...

CLÉLIA, souriant.
C'est ce que je vois!

GINA.
La jupe pas trop longue, n'est-ce pas?... Et si vous daignez le protéger... (Passant sa mesure autour de la taille de Clélia.) C'est si bien... si délicat... si distingué...

CLÉLIA, secouant la tête.
Vraiment!...

GINA, se reprenant avec embarras.
Je veux parler de la taille de la signora... Impossible avec cela de manquer une robe...

CLÉLIA, avec un soupir.
J'entends... tu aimes Fabio?

GINA.
Moi! signora!

CLÉLIA, de même.
Et... tu en es aimée?

GINA.
Il ne me l'a jamais dit... mais ça viendra peut-être!... (Entendant du bruit à la porte du fond qui est restée ouverte.) Qui va là?

SCÈNE VIII.

Les Mêmes, LE COMTE, entrant vivement par la porte du fond.

GINA, à part.
Ah! le monsieur de ce matin, chez Fabio!

ACTE II, SCÈNE IX.

CLÉLIA, *apercevant le comte.*
C'est lui... (Haut.) Votre visite à pareille heure, monsieur le comte !...

GINA, *à part.*
Un comte!

RÉCITATIF.

LE COMTE.
Je reçois à l'instant, sans pouvoir les comprendre, ces mots que l'amitié vient pour moi de dicter...
« De loin vous pourrez vous défendre,
» Mais partez à l'instant... On doit vous arrêter !»

CLÉLIA.
De qui vient cet avis?

LE COMTE.
La nouvelle est certaine...
(A voix basse.)
J'ai reconnu la main de votre souveraine...

CLÉLIA, *à part.*
Perfide !... plus de doute !
(Haut, avec ironie.)
Eh bien ! il faut partir !
A votre souveraine il vous faut obéir !

LE COMTE.
Le puis-je, sans vous voir... sans vous dire ma peine !

CLÉLIA, *avec ironie.*
Impossible à présent... on m'attend au palais...
(Faisant une révérence au comte qui veut la retenir.)
Vous savez, comme moi, ce qu'à sa souveraine
On doit de dévoûment...
(Avec colère.)
Adieu donc pour jamais!
(Elle sort vivement par la porte à gauche, en défendant au comte de la suivre.

SCÈNE IX.

LE COMTE, *assis sur un fauteuil, près de la table à gauche,* GINA, *à droite.*

GINA, *regardant le comte avec intérêt.*
Oh ! comme il a l'air malheureux !

LE COMTE, *à lui-même, avec agitation.*
Clélia m'abandonner... quand la fortune m'abandonne... Non ! non !... ce n'est pas possible... On m'aura accusé, calomnié auprès d'elle... et obligé de fuir à l'instant même... comment me justifier... et que faire, mon Dieu !

GINA, *s'approchant du comte.*
Monsieur !...

LE COMTE, *se levant.*
Qu'est-ce ?

GINA.
Vous ne me reconnaissez pas! C'est moi, Gina, la couturière !

LE COMTE.
Cette jeune fille de ce matin!

GINA.
Pour qui vous avez été si indulgent et si bon... et qui, dans ce moment, demeure ici, près de Mme la marquise!

LE COMTE.
Ah! c'est le ciel qui t'envoie !

GINA.
Eh ! mais ça se peut bien !... Parlez !...

LE COMTE.
Je suis banni, proscrit... En restant ici, je risque d'être arrêté!

GINA, *vivement.*
Aussi, vous partez !...

LE COMTE.
Non... je reste... Il faut que je voie ta maîtresse... que je lui parle encore... dussé-je en mourir... Car s'il faut te l'avouer... je l'aime!

GINA, *avec sentiment.*
Allez !... je connais ça !

LE COMTE.
Je ne le dis qu'à toi... à toi seule...

GINA.
Soyez tranquille... vous avez gardé mon secret... je garderai le vôtre, je vous le jure... Mais la signora est au cercle de la cour !

LE COMTE.
Et n'en reviendra que dans une heure... D'ici là, tout le monde en ce palais peut me voir et me reconnaître... Où l'attendre... où me cacher ?..

GINA, *vivement.*
Ah ! dans ma chambre... j'en ai une ici !

LE COMTE, *avec joie.*
Est-il possible ?

GINA.
Venez !... (Hésitant.) Mais vous êtes un honnête homme au moins !

LE COMTE, *avec loyauté.*
Le comte de Fiesque !

GINA.
Oui, oui... Fabio dit toujours ce nom-là avec admiration et respect... Ainsi, c'est convenu, vous vous tiendrez bien caché... là, de ce côté...

LE COMTE.
Et dès que Clélia sera rentrée !...

GINA.
Dès qu'elle sera seule...

LE COMTE.
Comment le saurais-je?

GINA.
Eh ! mais je jouerai sur cette guitare... un air... le vôtre !

LE COMTE, *étonné.*
Comment ! qui te l'a appris ?

GINA.
Fabio, qui nous l'a chanté deux fois !

LE COMTE.
C'est juste... tout ce que sait Fabio, tu dois le savoir...

GINA.
Mais lui... mais personne au monde ne saura vos secrets... je vous le jure !

LE COMTE.
Ah! tu es charmante !

GINA, prenant un flambeau qui est sur la console à droite.
Venez... suivez-moi...
(Elle sort avec le comte par la porte à droite. — Le théâtre est dans l'obscurité.)

SCÈNE X.

FABIO, entrant par la porte du fond.

CANTABILE.

Asile où règne le silence,
Sombre et mystérieux réduit,
En tremblant vers toi je m'avance,
Et de mes pas je crains le bruit.
O nuit! des amans protectrice,
O nuit! viens rassurer mon cœur ;
Viens !... et de ton ombre propice
Cache mon trouble et mon bonheur !

CAVATINE.

Heure charmante
Du rendez-vous,
Moment d'attente
Cruel et doux,
Tu fais d'avance
Battre mon cœur
D'impatience
Et de bonheur !

Toi que j'attends,
Toi que j'appelle,
Viens donc ! viens donc !
Ah! je l'entends... c'est elle !...
Non ! non !...

Heure charmante
Du rendez-vous,
Moment d'attente
Cruel et doux,
Tu fais d'avance
Battre mon cœur
D'impatience
Et de bonheur !

SCÈNE XI.

FABIO, à gauche du théâtre, GINA, sortant de la porte à droite.

DUO.

GINA, regardant du côté de la porte à droite.
Par moi caché dans cette humble retraite,
Il attend mon signal pour revoir ses amours.
Pauvre jeune homme ! hélas ! pour lui je m'inquiète ;
S'il était découvert... il y va de ses jours !

ENSEMBLE.

GINA.
Veillons sur leur bonheur.
Pour eux, mon Dieu ! j'ai peur !
Je sens battre mon cœur
D'espoir et de frayeur !
Pour eux, hélas !
Prions tout bas.
Fais venir promptement
La beauté qu'il attend.
Amour, toi qui m'entends,
Tu dois veiller sur des amans !...

FABIO.
C'est elle... ah ! quel bonheur !
D'où vient qu'ainsi j'ai peur ?
Je sens battre mon cœur
D'amour, d'espoir et de frayeur !
Je n'ose, hélas !
Faire un seul pas.
Allons, voici l'instant,
Disons-lui mon tourment.
Amour, toi qui m'entends,
Tu dois veiller sur des amans !...

GINA.
Mais quelle obscurité profonde,
Et je n'ose appeler du monde.
(Entendant Fabio s'approcher.)
Qui va là ?

FABIO.
C'est moi... me voici...
Moi, Fabio !...

GINA, à part.
C'est lui !

ENSEMBLE.

GINA.
O rencontre imprévue !
Mon cœur en a frémi.
Tremblante et l'âme émue,
Je suis seule avec lui.
Ah ! j'aurais, je l'atteste,
Dû m'éloigner déjà,
Et cependant je reste,
Et je suis encor là !

ACTE II, SCÈNE XII.

FABIO.

Ah! mon âme éperdue
De surprise a frémi.
Quelle ivresse inconnue
Et quel trouble inouï !
O volupté céleste,
Enfin donc la voilà !
Que m'importe le reste?
Tout mon bonheur est là !

FABIO.

O vous, dont la main généreuse
A depuis si long-temps daigné me secourir...

GINA, à part. (*Parlé*.)

Il sait tout !

FABIO.

Ma voix respectueuse
Bénissait vos bienfaits et n'osait les trahir.

GINA, de même. (*Parlé*.)

Il sait tout !

FABIO.

Oui, je vous ai devinée,
Ange gardien de mes jours,
Et ma vie est enchaînée
A vous seule et pour toujours,
Oui, c'est vous, c'est vous que j'aime,
Et dussiez-vous me punir...
Ah ! de cet amour extrême
Rien ne saurait me guérir :
Plutôt mourir que guérir !
(Retenant par la main Gina qui veut s'éloigner.)
Ah ! n'espérez pas me fuir !

ENSEMBLE.

GINA.

D'une ivresse inconnue
Tout mon cœur a frémi.
Tremblante et l'âme émue,
Je suis seule avec lui.
Hélas! j'aurais, sans doute,
Dû m'éloigner déjà.
Et cependant j'écoute,
Et je suis encor là !

FABIO.

Quelle ivresse inconnue !
Quel bonheur inouï !
Oui, son âme est émue
Et sa main a frémi.
Ah ! pour moi plus de doute,
Près de moi la voilà,
Et son cœur qui m'écoute
Me pardonne déjà !

(Fabio est aux genoux de Gina, et presse sa main avec transport. — La porte à gauche s'ouvre. — Paraît Clélia tenant un flambeau. — Le théâtre redevient éclairé. — Tous trois poussent un cri.)

SCÈNE XII.

CLÉLIA, GINA, FABIO.

CLÉLIA, souriant.

Qu'ai-je vu?

FABIO, à Clélia, vivement.

O ciel ! ne croyez pas, madame... j'étais là, persuadé que...

CLÉLIA.

Quoi donc ?

FABIO, s'arrêtant et à part, en regardant Gina.

Qu'allais-je faire?... la compromettre aux yeux de cette jeune fille...

CLÉLIA, souriant.

Vous étiez là, aux genoux de Gina... que vous aimez... n'est-il pas vrai?...

FABIO, à part.

Ah! sauvons-la!... (Haut et balbutiant.) Oui... oui, signora... c'est la vérité... et mon trouble...

CLÉLIA, montrant Gina.

Egale le sien... c'est tout naturel... Je suis charmée, Fabio, que vous aimiez ma gentille couturière... c'est une bonne idée que vous avez là...

FABIO, se remettant.

N'est-ce pas ?... Et si madame m'approuve... et si elle est contente...

CLÉLIA.

Sans doute!... (Avec bonté, en lui faisant signe de s'éloigner un instant.) C'est bien... c'est bien... je suis à vous... (A Gina, à demi-voix, pendant que Fabio se tient à l'écart au fond du théâtre.) Tu ne t'attendais pas à trouver ici Fabio?...

GINA.

Non, sans doute.

CLÉLIA.

C'est moi qui l'ai fait venir... j'avais à lui parler, à l'interroger sur quelqu'un...

GINA, bas, à Clélia.

Sur monsieur le comte de Fiesque...

CLÉLIA, vivement et à demi-voix.

Tu le sais?

GINA, de même.

Je sais tout... il me l'a dit.

CLÉLIA, de même.

Eh bien ! dans sa réponse à notre souveraine... et elle vient de me la montrer... il ne lui parle que de son amour pour moi et de notre mariage... qu'il la supplie de protéger.

GINA, de même.

J'en étais sûre !

CLÉLIA, de même.

Et tout cependant se réunit pour l'accuser... la princesse n'ose le défendre de peur de le compromettre encore plus... et moi, qui l'ai repoussé, je donnerais ma vie pour le revoir, ne fût-ce qu'une minute... Mais il n'est plus temps !

GINA, à demi-voix.
Si, madame.
CLÉLIA, de même.
Que dis-tu ?
GINA, de même.
Il n'est pas parti.
CLÉLIA, de même.
Est-il possible ?
GINA, de même.
Il est là... caché dans ma chambre.
CLÉLIA.
O Gina ! Gina ! comment te remercier ?
GINA.
En l'aimant bien, signora... et en protégeant Fabio...
CLÉLIA.
Mais c'est mon père qui le poursuit... et s'il était vu, s'il était reconnu... c'en est fait de sa liberté... de ses jours peut-être.
GINA.
Mais on ne le verra pas... D'abord, vous renverrez tout le monde.
CLÉLIA.
A commencer par Fabio.
GINA.
Soyez tranquille... je m'en charge.
(Pendant toute la scène précédente, qui s'est dite vivement et à demi-voix, sur le bord de la scène à gauche, Fabio s'est tenu au fond du théâtre, à droite. — Dans ce moment seulement, Gina lui fait signe d'approcher et va à lui, pendant que Clélia s'assied à gauche, près de la table.)

FINALE.

GINA, à Fabio.
Beau Fabio, votre fortune est faite !...
La signora vous aime et vous protège !
FABIO.
Moi !
GINA, gaîment.
Mais je viens de sa part, en discrète soubrette,
Vous dire : Allez-vous-en au plus vite...
FABIO, étonné.
Pourquoi ?
GINA, souriant.
Vous qui parlez si bien de votre amour extrême...
Vous comprendrez cela...
(A demi-voix.)
Madame attend ici,
Motus au moins... un beau seigneur... qu'elle aime !
FABIO tressaillant, à part.
O ciel !
(Cherchant à se contenir.)
Il va venir !
GINA.
Un proscrit... un banni !
Que poursuit le ministre, et qu'il voudrait bien prendre
FABIO avec jalousie.
Il va venir !

GINA.
Quand vous serez parti !
FABIO, à part.
C'est ce que nous verrons !
GINA, gaîment.
Je n'ai qu'à faire entendre
L'air que vous chantiez ce matin,
L'amoureux paraîtra soudain.
Partez donc !
FABIO, avec fureur.
Moi, partir !...

ENSEMBLE.

FABIO.
Je sens gronder l'orage
Et croître ma fureur ;
Le désespoir, la rage,
S'emparent de mon cœur.
Moi, déjà l'on m'oublie ;
Pauvre, obscur et sans nom,
Et tant de perfidie
Égare ma raison.

CLÉLIA et GINA, le regardant avec étonnement.
D'où vient de son visage
Le trouble et la pâleur ?
Il semble que l'orage
Gronde au fond de son cœur !
Ah ! quelle frénésie !
On dirait, voyez donc,
Qu'un accès de folie
Égare sa raison !

FABIO, cherchant à se contenir, et allant à Clélia.
Est-il vrai, signora ?... de vous je veux l'apprendre,
Que quelqu'un qui vous aime... en ce lieu va se rendre ?
CLÉLIA, avec fierté.
Monsieur !
GINA, à Fabio, le faisant taire.
Que dites-vous ?
FABIO cherchant toujours à se contenir.
Je dis... Vous savez bien
Que ça ne se peut pas !
GINA, se jetant entre lui et Clélia.
Ah ! je n'y conçois rien...
C'est quelque accès nouveau qui vient de le reprendre...
Et sa raison s'égare !
FABIO avec colère.
A moi !
GINA à Clélia.
Grâce pour lui... mais je tremble d'effroi !
(Clélia, effrayée, prend la sonnette qui est sur la table et sonne avec force.)

GINA, à demi-voix.
Si, madame.
CLÉLIA, de même.
Que dis-tu ?
GINA, de même.
Il n'est pas parti.
CLÉLIA, de même.
Est-il possible ?
GINA, de même.
Il est là... caché dans ma chambre.
CLÉLIA.
O Gina ! Gina ! comment te remercier ?
GINA.
En l'aimant bien, signora... et en protégeant Fabio...
CLÉLIA.
Mais c'est mon père qui le poursuit... et s'il était vu, s'il était reconnu... c'en est fait de sa liberté... de ses jours peut-être.
GINA.
Mais on ne le verra pas... D'abord, vous renverrez tout le monde.
CLÉLIA.
A commencer par Fabio.
GINA.
Soyez tranquille... je m'en charge.

(Pendant toute la scène précédente, qui s'est dite vivement et à demi-voix, sur le bord de la scène à gauche, Fabio s'est tenu au fond du théâtre, à droite. — Dans ce moment seulement, Gina lui fait signe d'approcher et va à lui, pendant que Clélia s'assied à gauche, près de la table.)

FINALE

GINA, à Fabio.
Beau Fabio, votre fortune est faite !...
La signora vous aime et vous protége !
FABIO.
Moi !
GINA, gaîment.
Mais je viens de sa part, en discrète soubrette,
Vous dire : Allez-vous-en au plus vite...
FABIO, étonné.
Pourquoi ?
GINA, souriant.
Vous qui parlez si bien de votre amour extrême...
Vous comprendrez cela...
(A demi-voix.)
Madame attend ici,
Motus au moins... un beau seigneur... qu'elle aime !
FABIO tressaillant, à part.
O ciel !
(Cherchant à se contenir.)
Il va venir !
GINA.
Un proscrit... un banni ! [dre]
Que poursuit le ministre, et qu'il voudrait bien pren-
FABIO avec jalousie.
Il va venir !

GINA.
Quand vous serez parti !
FABIO, à part.
C'est ce que nous verrons !
GINA, gaîment.
Je n'ai qu'à faire entendre
L'air que vous chantiez ce matin,
L'amoureux paraîtra soudain.
Partez donc !
FABIO, avec fureur.
Moi, partir !...

ENSEMBLE

FABIO.
Je sens gronder l'orage
Et croître ma fureur ;
Le désespoir, la rage,
S'emparent de mon cœur.
Moi, déjà l'on m'oublie ;
Pauvre, obscur et sans nom,
Et tant de perfidie
Égare ma raison.

CLÉLIA et GINA, le regardant avec étonnement.
D'où vient de son visage
Le trouble et la pâleur ?
Il semble que l'orage
Gronde au fond de son cœur !
Ah ! quelle frénésie !
On dirait, voyez donc,
Qu'un accès de folie
Égare sa raison !

FABIO, cherchant à se contenir, et allant à Clélia.
Est-il vrai, signora ?... de vous je veux l'apprendre,
Que quelqu'un qui vous aime... en ce lieu va se rendre ?
CLÉLIA, avec fierté.
Monsieur !
GINA, à Fabio, le faisant taire.
Que dites-vous ?
FABIO cherchant toujours à se contenir.
Je dis... Vous savez bien
Que ça ne se peut pas !
GINA, se jetant entre lui et Clélia.
Ah ! je n'y conçois rien...
C'est quelque accès nouveau qui vient de le reprendre...
Et sa raison s'égare !
FABIO avec colère.
A moi !
GINA à Clélia.
Grâce pour lui... mais je tremble d'effroi !
(Clélia, effrayée, prend la sonnette qui est sur la table et sonne avec force.)

GINA, regardant Fabio.
D'un sort fatal quand il est la victime.
(A Clélia.)
Pardonnez-lui tous les maux qu'il a faits,
Pauvre insensé! sa folie est son crime,
Plaignons d'abord... et fâchons-nous après!

LE CHOEUR, regardant le comte.
Il est perdu... mais quel est donc son crime?
Son nom, son rang... voilà tous ses forfaits!
De leurs complots il sera la victime,
Et son rival l'emporte pour jamais!

LE MARQUIS, à des soldats qui viennent d'entrer, leur montrant le comte.
Emparez-vous de lui!

CLÉLIA, d'un geste suppliant, au marquis.
Mon père!

FABIO, la regardant.
Elle a raison...
(Montrant le comte.)
C'est lui qu'elle préfère.
(A part.)
Fatal amour! je t'oublierai.
(Bas, au comte.)
Et toi, mon seul ami, mon frère!
Par moi tu seras délivré,
Je te le jure... ou je mourrai!

REPRISE DE L'ENSEMBLE.

LE MARQUIS.
Bon! bon! tout va bien! et j'estime, etc.

CAFARINI.
Bravo! bravo! tout va bien, et j'estime, etc.

CLÉLIA.
D'un sort fatal, dont il est la victime, etc.

FABIO.
Allons! du cœur!... Regagnons leur estime, etc.

LE COMTE.
Allons, courage! et si je suis victime, etc.

GINA.
D'un sort fatal quand il est la victime... etc.

LE CHOEUR.
Il est perdu... mais quel est donc son crime, etc.

(Des soldats emmènent le comte de Fiesque. — Clélia tombe dans un fauteuil à gauche. — Le marquis et Cafarini se frottent les mains, et Fabio étend la sienne vers son frère comme pour lui dire: — Je te le sauverai! — La toile tombe.)

ACTE TROISIÈME.

Les jardins du palais ducal. — A gauche, un escalier de marbre conduisant au palais, dont la terrasse occupe tout le fond. — A droite, des bosquets.

SCÈNE I.

FABIO, entrant par la droite avec précaution, comme s'il craignait d'être aperçu.

Leurs sentinelles avaient beau me défendre les portes du palais... je suis entré... La marquise a refusé de me voir et de m'entendre... Je le conçois... elle me regarde comme un traître qui a dénoncé celui qu'elle aime... Mais ici, dans la demeure de notre souverain... il y a, dit-on, une fête, un concert... Elle y viendra... je lui parlerai... à elle, au ministre... à tout le monde... Il faut que je sauve mon frère... il le faut... car ils disent tous qu'il est condamné, dépouillé de ses biens... jeté dans un cachot... Et pour quel crime?... Comment le savoir... à moins de le demander au prince lui-même... (Écoutant.) On vient de ce côté... et si l'on m'aperçoit, on me chassera de ce palais où je n'ai pas le droit de pénétrer... Tué... battu même!... ce ne serait rien... mais ne pas voir mon frère... mais ne pas le sauver!.. Mais en attendant, où me cacher!... Ah! là..
(Il se cache à gauche, au premier plan, sur l'escalier qui conduit à la terrasse, de manière cependant à être vu du public.)

SCÈNE II.

FABIO, caché, CAFARINI, GINA, entrant par les bosquets de droite.

CAFARINI, entrant et causant avec Gina.
Oui, signorina... c'est par moi, par mon crédit que vous entrez au palais ducal... et que vous vous promenez dans ces beaux jardins... Mais, il n'est pas encore l'heure et nous pouvons nous asseoir... (Ils s'asseoient tous deux sur un banc à gauche, au dessous de l'escalier où est Fabio.) Sans moi, vous n'auriez pas ce billet qui vous permet d'assister à la fête et au concert...

GINA.
Ça m'est bien égal...

CAFARINI.
Ah! d'entendre ma musique... ça vous est égal... Tout le monde ne dirait pas cela!...

GINA.
Ne vous fâchez pas, mon oncle... Je veux dire seulement que je n'y suis guère disposée... Avoir vu arrêter ce pauvre jeune homme... ce comte de Fiesque... ça m'a fait une peine...

FABIO, à part, se montrant un instant, sans être vu de Cafarini ni de Gina.

Ah! c'est une brave fille!...

GINA, à Cafarini.

Et qu'est-ce qu'il a fait?... le savez-vous?...

CAFARINI.

Oui!

FABIO, de même.

Je vais donc l'apprendre!

CAFARINI, mystérieusement.

Imagine-toi... (S'arrêtant.) Je ne peux pas te le dire... c'est un secret d'état!

GINA.

Mais, au moins, on ne le condamnera pas sans l'entendre!

CAFARINI, de même.

Au contraire!... C'est là l'avantage d'un secret d'état... L'affaire ne sera jamais discutée et il ne sera question de rien... Le prince le veut ainsi... pour des raisons à lui connues... et qui ne te regardent pas... Ce qui nous regarde, c'est que demain, aujourd'hui peut-être, je serai nommé maître de chapelle de la cour... avec le ruban de Saint-Michel, le ruban noir... etc., etc.

GINA, avec étonnement.

Vous!...

CAFARINI.

Moi!... Tout ce que je demanderai, je suis sûr de l'obtenir... Et ces honneurs, cette richesse... sais-tu à qui je les offre?

GINA.

Non!

CAFARINI.

A toi!

GINA.

A moi!... C'est comme la musique... ça m'est bien égal!...

CAFARINI.

Et pourquoi, s'il vous plaît?

GINA.

Dame! j'aurais préféré vous le cacher toujours ainsi qu'à moi-même... mais puisque vous m'y forcez, il faut bien vous avouer qu'il y a quelqu'un que j'aime!

CAFARINI, avec colère.

Comment?

GINA, avec résolution.

Eh bien! oui... Un jour, dans la voiture de la marquise, j'allais être tuée, sans un brave jeune homme qui m'a sauvé la vie et qui, depuis, est venu demeurer près de nous...

CAFARINI, vivement et se levant.

Fabio!

GINA, se levant aussi.

Eh bien! oui, mon oncle!

FABIO, à part.

O ciel!

TRIO EN CANON.

GINA.

Le matin j'y rêve,
J'y rêve le soir!
Jamais ne s'élève
Plus loin mon espoir!
Cet aveu sincère
Est mal, je le vois...
Hélas! j'ai beau faire,
C'est plus fort que moi!
Mais toujours de même
Pour lui mon cœur bat;
C'est lui seul que j'aime
Dût-il être ingrat!

FABIO, à part, toujours sur l'escalier.

N'est-ce pas un rêve
Qui vient m'émouvoir!
En mon cœur s'élève
Sombre désespoir!
Quel remords extrême
M'accable et m'abat!
J'accuse, et, moi-même,
Je suis un ingrat!

CAFARINI.

C'est un mauvais rêve!
Je crains de trop voir...
Faut-il donc qu'il m'enlève
Ce cœur, mon seul espoir!
Quoi! c'est lui qu'on aime
Et, dans mon état,
J'élevai moi-même
Ce rival ingrat!

GINA.

Oui, sur lui je veille
Et préviens ses vœux.
Pendant qu'il sommeille,
Travaillant pour deux,
J'amasse en silence;
O sort fortuné!
Pour lui je dépense
L'or que j'ai gagné.
A lui, je le donne,
A lui, mon ami,
Si j'avais un trône
Il l'aurait aussi!
Grisette ou duchesse,
Pour lui mon cœur bat...
A lui ma tendresse,
Dût-il être ingrat!

REPRISE DE L'ENSEMBLE.

FABIO.

N'est-ce pas un rêve! etc.

CAFARINI.

C'est un mauvais rêve, etc.

CAFARINI.

Moi, j'ai de la noblesse!

GINA.
Pour d'autres gardez-la !
CAFARINI.
De l'or, de la noblesse !
GINA.
On est heureux sans ça !
CAFARINI.
Mais lui n'a rien encore !
GINA.
J'aime sans intérêt.
CAFARINI.
Sa naissance, on l'ignore !
GINA.
Tel qu'il est il me plaît !
CAFARINI.
Sa raison déménage
Il est fou, furieux !
GINA, avec sentiment.
Je l'aime davantage
Puisqu'il est malheureux !

ENSEMBLE.

FABIO.
Remords qui m'oppresse !
J'ai trahi sans cesse
Si noble tendresse,
Si doux sentimens !
Pour une inhumaine
Qui, fière et hautaine,
Se rit de ma peine
Et de mes tourmens !

CAFARINI.
C'est trop de faiblesse !
Fureur vengeresse,
Viens guider sans cesse
Mes ressentimens !
Redoute ma haine
Toi, belle inhumaine,
Qui ris de ma peine
Et de mes tourmens !

GINA.
A lui ma jeunesse !
A lui ma tendresse !
Oui, j'aurai sans cesse
Mêmes sentimens !
Acceptant vos chaînes,
D'autres, plus humaines,
Calmeront vos peines
Et tous vos tourmens !

CAFARINI, hors de lui.
Si je me fâche en ma fureur jalouse !
GINA.
N'en faites rien, je l'aimerais encor !
CAFARINI.
Et si pourtant, enfin, je vous épouse ?
GINA.
Je l'aimerais encore !
CAFARINI.
Ah ! c'est trop fort !

ENSEMBLE.

FABIO.
Remords qui m'oppresse, etc.
CAFARINI.
C'est trop de faiblesse, etc.
GINA.
A lui ma jeunesse, etc.

CAFARINI, à part.
C'est bon à savoir ! et désormais je les surveillerai !... (Apercevant le marquis descendant l'escalier de la terrasse.) Dieu ! le ministre !
FABIO, à part, sur l'escalier.
Et ne pouvoir sortir !... ne pouvoir la rejoindre !...
CAFARINI, à Gina, lui montrant la droite.
Allez m'attendre au bout de cette allée... et ne vous éloignez pas !
(Gina sort.)

SCÈNE III.

FABIO, toujours caché, sur l'escalier, LE MARQUIS, CAFARINI.

LE MARQUIS, descendant en rêvant.
Tout va bien ! tout va très bien !
CAFARINI, à part.
Pour lui... mais pour moi ?
LE MARQUIS, l'apercevant.
Ah ! c'est toi, Cafarini ?... Quelles nouvelles ?
CAFARINI.
C'est à Votre Excellence que j'en demanderai... Le comte de Fiesque ?...
LE MARQUIS, avec joie.
Perdu, mon cher, perdu !...
FABIO, à part.
O ciel !
LE MARQUIS.
Le prince ne veut plus entendre parler de lui... ni surtout d'un crime qui a fait trembler la couronne ducale sur son front !
FABIO, à part.
Qu'est-ce que ça peut être ?...
LE MARQUIS.
Le coupable est remis à ma discrétion... et enfermé ici même dans une salle basse du palais !
CAFARINI.
Et qu'en voulez-vous faire ?
LE MARQUIS.
La marche est toute tracée... Tu ne te rappelles pas Richelieu, mon modèle, et le favori Cinq-Mars ?...
CAFARINI, à part.
O ciel ! la parodie... (Se reprenant.) l'imitation irait jusque-là !...

ACTE III, SCÈNE III.

LE MARQUIS.
C'est de la haute politique... politique transcendante... qui tranche toutes les explications et toutes les questions... Je ne pourrai jamais faire de toi un élève qui comprenne le rouage politique !

CAFARINI.
Si, monseigneur... et j'aurais aussi une question à trancher !

LE MARQUIS.
A la bonne heure !

CAFARINI.
Il y a quelqu'un qui gêne les rouages de mon administration... C'est Fabio, mon élève !

LE MARQUIS.
Celui qui nous a rendu le service de faire arrêter le comte ?

FABIO, avec indignation.
Damnation !

LE MARQUIS.
Il lui faut une récompense !

CAFARINI.
Au contraire !... C'est lui que vous avez vu hier matin dans ma maison... au moment... où...

LE MARQUIS.
Silence ! Est-ce que tu crois qu'il se doute de quelque chose ?

CAFARINI, vivement.
Oui, oui, je le parierais !

LE MARQUIS.
Oh ! si je le savais !

CAFARINI.
J'en suis certain !

LE MARQUIS
Alors, on peut l'envoyer pour le reste de ses jours à la citadelle de Parme... c'est prudent !

CAFARINI.
C'est bien !

LE MARQUIS.
Quitte à faire mieux, s'il le faut !... Je vais en parler au prince... (Il va pour sortir.)

FABIO, à part.
Impossible d'y rien comprendre... si ce n'est que mon frère et moi...

CAFARINI, qui a retenu le marquis.
Permettez, monseigneur !... ce n'est pas la seule chose que j'aie à demander à Votre Excellence !...

LE MARQUIS.
En ce cas, dépêche-toi... car je suis pressé !

DUO.

CAFARINI.
Cette place...

LE MARQUIS.
Laquelle ?

CAFARINI.
De maître de chapelle,
Qui, pour bonne raison,
Me fut promise...

LE MARQUIS.
Non !

CAFARINI, étonné.
Non !

LE MARQUIS.
Non !

CAFARINI.
Non !
Et pourquoi... pourquoi donc ?

LE MARQUIS.
Parce que j'ai dit : Non !

CAFARINI.
Non !

LE MARQUIS.
Non !

CAFARINI.
Et la faveur ?

LE MARQUIS.
Laquelle ?

CAFARINI.
Cette faveur si belle...
L'honorable cordon
De Saint-Michel ?...

LE MARQUIS.
Non !

CAFARINI.
Non !

LE MARQUIS.
Non !

CAFARINI.
Non !
Et pourquoi... pourquoi donc ?

LE MARQUIS.
Parce que j'ai dit : Non !

CAFARINI.
Non !

LE MARQUIS, avec impatience.
Non ! non ! non ! non ! non !

ENSEMBLE.

CAFARINI, à part.
Servez donc,
Flattez donc,
Les gens de bonne maison !
Monseigneur !
Quel honneur !
D'être votre serviteur !
Morbleu ! l'on doit se pendre
Après de semblables traits.
C'est vraiment à vous rendre
Philosophes pour jamais !

LE MARQUIS, à part.
Servez donc,
Placez donc,
Tous ces quêteurs de cordon!
Et leur cœur,
Plein d'ardeur,
Se moque de monseigneur!
Non, ils doivent dépendre
De nous seuls à tout jamais,
Seul moyen de les rendre,
Soumis à tous nos projets!

CAFARINI.
Quel motif?

LE MARQUIS.
Motif politique,
Qui d'un mot aisément s'explique...
Te combler ainsi de mes dons,
C'est faire naître des soupçons!
Il vaut bien mieux, mon cher, attendre en homme habile.

CAFARINI, à part.
Pour me trouver toujours et soumis et docile!

LE MARQUIS.
Sur tous les autres points je t'accorde raison.
Fabio, dès ce soir, sera mis en prison!

CAFARINI, s'inclinant.
Quoi! vraiment?

LE MARQUIS.
Oui, vraiment!

CAFARINI, de même.
Ah! vous êtes trop bon!

ENSEMBLE

LE MARQUIS, à part.
Servez donc,
Flattez donc, etc.

CAFARINI, avec fureur.
Servez donc,
Placez donc, etc.

LE MARQUIS, prêt à partir, revenant sur ses pas.
A propos, tu devais me rendre...
(A part.)
Un papier précieux...

CAFARINI.
Quoi donc?

LE MARQUIS.
Mon original... mon brouillon!
Tu sais?...

CAFARINI.
Oui, je crois vous comprendre...
Je l'ai là... mais, sur mon honneur...

LE MARQUIS, vivement.
Donne!

CAFARINI.
Impossible, monseigneur!

LE MARQUIS, étonné.
Quel motif?

CAFARINI.
Motif politique,
Qui d'un mot aisément s'explique!
Perdre une telle caution...
Ce serait perdre la raison!
Il vaut mieux le garder... pour que Votre Excellence,
En y songeant parfois, songe à ma récompense!

LE MARQUIS, à part, se contenant.
Rusé misicien!

CAFARINI.
L'élève, monseigneur,
Au ministre, son maître, à voulu faire honneur.
(D'un air calme.)
Ainsi cette place?

LE MARQUIS, d'un air distrait.
Laquelle?...

CAFARINI.
Cette place si belle
De maître de chapelle
Qui, par un noble ami,
Me fut promise...

LE MARQUIS, avec impatience.
Eh! oui!

CAFARINI, d'un air goguenard.
Oui!

LE MARQUIS, de même.
Oui!

CAFARINI, de même.
Oui!
Je l'obtiendrai de lui?

LE MARQUIS, de même.
Puisque je t'ai dit: Oui!

CAFARINI.
Oui!

LE MARQUIS.
Oui!

CAFARINI.
Et la faveur?...

LE MARQUIS.
Laquelle?

CAFARINI.
Cette faveur si belle,
Le cordon si joli
De Saint-Michel...

LE MARQUIS.
Oui!

CAFARINI, gaîment.
Oui!

LE MARQUIS.
Oui!

CAFARINI.
Oui!...
Je l'obtiens donc aussi?

LE MARQUIS.
Puisque je t'ai dit: Oui!

CAFARINI.
Oui!

LE MARQUIS, avec impatience.
Oui! oui! oui! oui! oui!

ENSEMBLE.

CAFARINI, à part, gaîment.
Fin politique,
Dont la tactique
Use et trafique
De tous les biens!

ACTE III, SCÈNE V.

J'ai, sans esclandre,
De quoi te prendre
Et me défendre.
Tu m'appartiens,
Et je te tiens.
Ah! je te tiens! oui, je te tiens!

LE MARQUIS, à part.

Fin politique,
J'ai ma tactique,
Tout se complique...
Ne disons rien!
Oui, sans esclandre,
Sachons attendre
Et le surprendre
Par un moyen
Pareil au sien.
Oui, cherchons bien quelque moyen!

LE MARQUIS, à demi-voix, à Cafarini.

Mais que cet air, cause de l'anecdote,
Cet air maudit, objet de mon effroi,
Ne soit jamais répété devant moi!

CAFARINI.

Jamais! jamais! pas une seule note!

LE MARQUIS, tendant la main.

C'est bien!... et ce papier...

CAFARINI, d'un air goguenard.

      Sans lui, sans son secours,
Monseigneur oubliait jusqu'à sa récompense.
Je lui dois vos bontés... et par reconnaissance,
Sur mon cœur j'ai juré de le garder toujours.
(Le marquis fait un geste de colère qu'il réprime aussitôt.)

LE MARQUIS, souriant.

Se défier encor de moi... c'est sans raison!...
A ce soir ton brevet!...

CAFARINI, de même.

      A ce soir le brouillon!

ENSEMBLE.

CAFARINI.

Fin politique,
Dont la tactique, etc.

LE MARQUIS.

Fin politique,
Dont la tactique, etc.
(Le marquis sort avec Cafarini par les jardins, à droite.)

SCÈNE IV.

FABIO, *descendant avec précaution les marches de l'escalier à gauche, où il était caché.*

Depuis une heure j'écoute sans perdre une syllabe... J'ai tout entendu et n'ai pu rien comprendre... Est-ce qu'ils ont raison?... est-ce que je deviendrais fou?... Mon frère condamné à mort... et moi à la prison... Pourquoi?... Et ce ministre, d'abord si hautain, qui se trouve en ce moment dans la dépendance du maestro Cafarini... Pourquoi! quel est ce papier... ce brouillon, qui fait trembler Son Excellence... et qu'à tout prix il voudrait avoir?... Oh! c'est à perdre la tête... Et cependant, il faut sauver mon frère... car une fois plongé dans le cachot qui m'attend.. et ça ne peut pas me manquer si on m'aperçoit... On vient! Ah! pour mon bonheur... pour mon malheur, peut-être... C'est elle... c'est Clélia!

SCÈNE V.

FABIO, CLÉLIA, *entrant par la droite.*

CLÉLIA, *apercevant Fabio et faisant un geste d'effroi.*

Vous ici, monsieur!

FABIO.

Ah! ne me fuyez pas, de grâce... et n'ayez pas peur de moi... j'ai toute ma raison... je ne l'ai jamais perdue... je vous le jure!

CLÉLIA.

Ah! c'était là votre seule excuse... Dénoncer votre ami, votre bienfaiteur!

FABIO.

Elle dit vrai!

CLÉLIA.

Car c'est parce qu'il m'avait priée de vous protéger... que je vous avais fait venir chez moi!

FABIO, à part.

Oui, oui, c'est cela... je comprends maintenant... (*Haut, avec chaleur.*) Et moi aussi, je l'aime... car il m'avait appelé son frère... je le suis .. Nous sommes nés du même sang!

CLÉLIA, *étonnée.*

Vous?...

FABIO.

Moi, qui donnerais ma vie pour lui!

CLÉLIA, *de même.*

Et comment, alors?...

FABIO.

Ah! ce n'est pas facile à vous expliquer... je savais qu'il vous aimait, qu'il était aimé de vous... Et ce cavalier, ce seigneur que vous attendiez, et dont j'ignorais le nom... j'ai cru que c'était un rival.... (*S'oubliant.*) J'étais furieux... j'étais jaloux... (*Se reprenant.*) pour mon frère, pour lui, signora... que j'aimais... que j'aime... plus que vous peut-être... C'était mon devoir... ce devoir, je le remplirai désormais... Et, fût-ce au prix de mes jours... je le sauverai!

CLÉLIA, *lui prenant les mains.*

Bien, Fabio, bien!... Ce mot seul vous rend mon estime et mon amitié!

FABIO, *dégageant ses mains de celles de Clélia.*

Merci, madame... merci !... (*Essuyant une larme.*) Je suis bien heureux... Et maintenant, s'il se peut... je tâcherai de ne plus faire de sottises... Pour cela, il faut nous concerter... car tout à l'heure, j'ai entendu ici un indigne, un infâme... (*A part.*) Oh ! qu'ai-je dit !... c'est son père ?

CLÉLIA, *l'interrogeant du geste.*

Eh bien ?...

FABIO, *cherchant à se remettre.*

Eh bien ! il s'agit de sauver le comte... mais comment ?

CLÉLIA, *regardant autour d'elle.*

La princesse vient de me confier cette maudite barcarolle... Tenez... regardez... est-ce bien de lui ?...

FABIO, *regardant le papier de musique que lui remet Clélia.*

Eh ! oui, vraiment... l'air qu'il a composé pour vous..

CLÉLIA, *avec joie et surprise.*

Pour moi !... En êtes-vous bien sûr ?

FABIO, *indiquant sa poche.*

Il me l'a donné... Je l'ai là... orchestré de ma main... Mais les paroles ne sont pas tout à fait les mêmes... et cette écriture, surtout, n'est pas la sienne !

CLÉLIA.

Eh ! qu'importe ?

FABIO.

Il importe... que, tout à l'heure, ce que j'ai entendu... si c'était... si ça avait rapport...

CLÉLIA.

Avec quoi ?

FABIO.

Avec des phrases que je ne comprends pas encore...

CLÉLIA.

Eh bien ! dites-les donc !

FABIO.

Impossible !... à cause du coquin qui les a prononcées...

CLÉLIA.

Et qu'il faut démasquer !

FABIO, *avec effroi.*

Devant vous !... Non ! non !

CLÉLIA.

Et pourquoi ? (*On entend en dehors un prélude d'orchestre.*) C'est la fête qui commence... Leurs Altesses ont déjà pris place... et la mienne est auprès d'elles... (*Voyant le marquis sortir des bosquets à droite, suivi de plusieurs seigneurs et dames qui se rendent au concert.*) Et voici mon père qui vient me le rappeler. (*Vivement, à Fabio qui se cache derrière un grand vase, sur le premier plan à droite.*) Adieu !... à tantôt !... (*Lui montrant le papier qu'elle vient de lui remettre.*) Et ce papier ?...

FABIO.

Laissez-le-moi... je vous le rendrai !

(*Le marquis donne la main à Clélia, et, suivis des seigneurs et des dames, ils montent l'escalier de marbre conduisant au palais, et disparaissent.*)

SCÈNE VI.

FABIO, *seul, avec agitation.*

(*Deux sentinelles sont en faction sur le haut de la terrasse.*)

Ce papier !... Eh ! parbleu ! c'est l'écriture du maestro Cafarini, mon professeur... Je la connais trop bien pour m'y méprendre... Comment cet air se trouve-t-il copié de sa main ?... Je l'ignore... mais il y a là-dessous un complot ou une erreur... Et, sans y rien comprendre encore... ce que j'ai entendu tout à l'heure doit y avoir rapport... Cet air, cause de l'anecdote... cet air, qui inspire tant d'effroi au ministre, qu'il ne veut plus en entendre une seule note !... Pourquoi ?... Ça ne me regarde pas... Mais il est sûr que ce papier, auquel il attachait tant de prix... ce papier qu'il désirait, et que Cafarini lui refusait... c'est celui-ci... Et, en le lui montrant, je ferai comme le maestro... j'aurai ce que je voudrai.. non pas des places ou des cordons... mais la grâce de mon frère !... C'est ça !... je cours me jeter à ses pieds... (*Il monte vivement l'escalier.*)

UN FACTIONNAIRE, *l'arrêtant au haut des marches.*

On ne passe pas !

FABIO.

Il faut que je parle au ministre !

LE FACTIONNAIRE.

On ne lui parle pas !

FABIO.

Que je le voie, au moins !

LE FACTIONNAIRE.

On ne le voit pas !

FABIO.

Mais il est là, à cette fête !

LE FACTIONNAIRE.

Raison de plus !... on ne doit pas le déranger !

FABIO, *insistant.*

Mais, cependant...

LE FACTIONNAIRE, *présentant la baïonnette.*

Arrière ! ou sinon !...

FABIO, *redescendant.*

On se ferait tuer... qu'on ne lui parlerait pas !... et cependant le temps presse... Impossible de pénétrer jusqu'au ministre qui est là... dans ce pavillon ! et comment l'en faire sortir... à moins d'y

ACTE III, SCÈNE VIII.

mettre le feu?... C'est une idée!... (Se retournant vers la droite.) Hein! que vois-je à travers le feuillage?... Des gens armés... qui, déjà, viennent m'arrêter!... Non! des flûtes et des clarinettes... troupe inoffensive que je connais!

SCÈNE VII.

FABIO, CHŒUR DE MUSICIENS et DE CHORISTES, HOMMES et DAMES.

CHŒUR.
Le maestro Cafarini
Est dit-on notre chef... et nous venons à lui...
De ces bosquets nous devons faire entendre
Des chants dont les accords parviendront jusqu'ici...
Et nous voulons savoir quel air il a choisi.

FABIO, à part.
O ciel!
(Haut.)
Vous demandez quel air il vous faut prendre?...

Le maestro Cafarini,
Dont je suis l'élève et l'ami,
M'a remis pour vous celui-ci...
(Tirant de sa poche un rouleau de musique.)
Tenez donc...
(Il leur distribue des parties, en les divisant en trois groupes, qui se dispersent dans les jardins. — A lui-même.)
Il a dit qu'il ne pouvait l'entendre...
Air charmant, par la peur que tu sais inspirer,
Puisses-tu, malgré lui, dans ces lieux l'attirer.
(On entend, de loin, l'air que l'on joue en harmonie dans les bosquets à droite.)
Bien! bien! très bien! courage!
(Il les encourage de loin et du geste, en leur battant la mesure.)

SCÈNE VIII.

FABIO, à l'entrée d'un bosquet à droite, LE MARQUIS, sortant du palais et redescendant l'escalier de marbre.

LE MARQUIS, hors de lui.
Ah! juste ciel! qu'entends-je!
(Criant à tue-tête.)
Taisez-vous! taisez-vous... C'est incroyable... étrange!
Rien qu'aux premiers accords de cet air infernal,
La duchesse se trouve mal...
Ma fille aussi... le prince est pâle de colère...
Et chacun en désordre, interdit et tremblant...
(Criant au fond, à droite, où l'air se fait entendre.)
Taisez-vous! taisez-vous!... l'on vous dit de vous taire!
(On entend l'air, au premier plan, à gauche.)
LA BARCAROLLE.
Allons, à d'autres maintenant!
Cernés de tous côtés!...
(A des domestiques qui sont derrière lui, et à qui il a fait signe de descendre.)
Courez donc à l'instant!
(Les domestiques sortent de différents côtés.)

ENSEMBLE.
(Sur le motif de l'air qu'on entend en harmonie au dehors, et qui diminue peu à peu.)

LE MARQUIS, sans voir Fabio.
Sur eux tous, anathème!
Ah! c'est pour en mourir!
Ah! je me sens moi-même
Prêt à m'évanouir!
Je ne sais si je veille...
Comme un son sépulcral,
Toujours à mon oreille
J'entends cet air fatal!
Mais je respire à l'aise...
Je renais.. je revien...
Enfin le bruit s'apaise
Et je n'entends plus rien,
Rien! rien!

FABIO, à part, près de l'escalier.
Grâce à mon stratagème,
Qui vient de réussir,
Je l'ai forcé lui-même,
Oui, lui-même à venir!
Ah! par quelle merveille
Cet air original,
A-t-il sur son oreille
Un pouvoir si fatal!...
Mais il respire à l'aise!...
Quel bonheur est le sien!
Enfin le bruit s'apaise
Et l'on n'entend plus rien,
Rien! rien!

LE MARQUIS, hors de lui.
Qui diable! aussi, a pu leur dire de jouer cet air révolutionnaire?... cet air de lèse-majesté!...

FABIO, s'avançant.
Moi, monseigneur!

LE MARQUIS, étonné.
Vous, monsieur!... Qu'est-ce que cela signifie?

FABIO, à part.
C'est ce que j'allais lui demander!... car plus je vais... moins je comprends... Mais, à tout prix, je saurai ce qui en est!

LE MARQUIS, avec colère.
Me répondrez-vous, monsieur?... Qui vous a rendu aussi hardi?

FABIO.
Le temps qui nous presse... car, ce soir, vous devez me faire arrêter et jeter dans la citadelle de Parme... Je le sais... je sais tout... et la preuve...
(Montrant le papier que lui a remis Clélia.) Connaissez-vous ce papier?...

LE MARQUIS, à part.
O ciel! celui que j'ai glissé dans la corbeille à

ouvrage de la princesse... (Haut.) Eh bien ! monsieur, parlez... expliquez-vous !

FABIO.

Il n'y a pas d'explications !... Je vous répéterai seulement... et je ne sors pas de là... que je sais tout !

LE MARQUIS, à part.

Cafarini m'avait bien dit qu'il se doutait de... (Haut.) Je comprends, monsieur... je comprends !...

FABIO, à part.

Il est bien heureux !...

LE MARQUIS.

Vous avez entendu hier ?..

FABIO, avec fermeté.

Oui, tout entendu !

LE MARQUIS, avec effroi.

Silence !... silence !... Nous pouvons alors, et cela vaudra mieux... nous entendre... sans bruit et sans éclat...

FABIO.

Oui, monseigneur... entendons-nous !

LE MARQUIS.

Entendons-nous !... D'abord, je n'ai encore rien dit au prince... ni rien fait signer... Ainsi, vous ne serez pas arrêté.

FABIO.

C'est toujours ça !... Ensuite ?

LE MARQUIS.

Ensuite.... vous faut-il de l'or ?... des titres ?... des places ?...

FABIO, à part, en cherchant.

Qu'est-ce que ça peut être ?

LE MARQUIS.

Vous faut-il celle de Cafarini... agent subalterne qu'on peut éloigner ?...

FABIO.

Non... je ne veux rien de tout cela... Je n'en ai pas besoin !

LE MARQUIS, effrayé, à part.

Diable ! c'est un intrigant... en grand... quelque ambitieux... (Haut.) Eh bien ! monsieur... que voulez-vous ?...

FABIO.

Je veux... la grâce pleine et entière du comte de Fiesque.

LE MARQUIS.

O ciel !

FABIO, vivement.

Qui est innocent... complétement innocent !

LE MARQUIS.

Eh ! parbleu ! je le sais de reste... je le sais aussi bien que vous !

FABIO.

Il faut alors qu'il soit libre à l'instant même...

LE MARQUIS.

Je ne demanderais pas mieux... Mais vous, qui savez ce qui en est... vous savez comme moi qu'il faut un coupable !

FABIO, à part.

Qu'est-ce que ça peut-être ?

LE MARQUIS

Si nous le déclarons innocent... il en faut un autre...

FABIO.

Certainement !

LE MARQUIS.

Un autre qui prenne sa place, . Car, pour satisfaire le prince, il faut que quelqu'un soit puni... Il faut, en un mot, une réparation... un châtiment... une tête qui tombe... Où la trouver ?

FABIO.

N'est-ce que cela ?... Voici la mienne !

LE MARQUIS.

Allons donc ! vous voulez rire !

FABIO.

Nullement !... Ça me convient... ça me plaît... C'est tout ce que je demande !

LE MARQUIS.

Permettez donc... S'il en est ainsi... cela peut s'arranger... C'est donc vous... vous qui êtes le seul coupable ?

FABIO.

Oui !

LE MARQUIS.

Vous en convenez ?

FABIO.

Oui !

LE MARQUIS.

Et vous le direz... vous le soutiendrez devant le prince ?...

FABIO.

Devant tout le monde... si le comte est libre à l'instant !...

LE MARQUIS.

Il va l'être !

FABIO.

A l'instant même !

LE MARQUIS.

Soyez tranquille !... (Parlant bas à un officier qui vient de descendre de l'escalier à gauche, et qui sort ensuite par la droite. — A Fabio.) Et quant à vous, mon cher ami, croyez que, du reste, et d'ici là... tout ce que je pourrai faire pour adoucir et pour atténuer les choses... Mais vous tiendrez nos conventions... vous me le jurez ?

FABIO.

Devant Dieu ! et sur l'honneur !

LE MARQUIS, à part.

Il est fou !... Mais si on n'employait en politique que des gens raisonnables... on deviendrait soi-même... absurde !... (Haut.) Adieu, adieu, mon cher !... C'est dit... Ce ne sera pas long !...

(Il sort par la gauche.)

SCÈNE IX.

FABIO, avec exaltation.

Dieu soit loué!... Ma faute est réparée... ma tâche est remplie! mon frère est sauvé!... Et moi?... Eh bien! moi, je mourrai à sa place... je l'ai promis... Et Gina, ma seule bienfaitrice et mon ange gardien... Gina, qui m'aimait... et que j'aime... Oui, oui... je l'aime!... Et mourir... quand j'aurais pu l'épouser... quand le bonheur était là!... Ah! je n'en étais pas digne...

SCÈNE X.

FABIO, CLÉLIA, LE COMTE, GINA, entrant par la droite, puis CAFARINI et DES SOLDATS.

CLÉLIA et GINA.
Sauvé! sauvé!...

CLÉLIA, au comte.
Votre innocence est reconnue... On vous rend à la liberté!

LE COMTE, se jetant dans les bras de Fabio.
Fabio! mon frère!...   (Ils s'embrassent.)

GINA, avec étonnement.
Son frère!

CLÉLIA.
Eh oui!... je le savais!

FABIO, à Clélia.
Tenez, signora, je vous rends ce papier que vous m'aviez confié... Le comte est libre!

CLÉLIA.
Et plus que jamais en faveur... On lui rend son pouvoir et ses titres...

GINA.
Et comment un tel changement est-il arrivé?...

CAFARINI, qui vient d'entrer avec des soldats.
On connaît enfin le vrai coupable!...

CLÉLIA, GINA et LE COMTE.
Et quel est-il?

CAFARINI, montrant Fabio.
Il a tout avoué... tout déclaré lui-même!

TOUS, avec surprise.
Lui!...

FABIO, vivement.
C'est la vérité!

CAFARINI.
Vous l'entendez!

FABIO, à l'officier des gardes.
Monsieur, je suis à vos ordres!

LE COMTE, aux soldats, les arrêtant du geste.
Un instant... (A Cafarini.) Et qu'a-t-il fait?... Je veux le savoir!

CAFARINI.
Ce qu'il a fait!... C'est lui qui a composé et remis à notre souveraine, cette barcarolle, cette déclaration!

CLÉLIA, GINA et LE COMTE.
Lui!... Ce n'est possible!

FABIO, vivement.
Si vraiment!... c'est moi!

CLÉLIA, regardant le papier de musique que lui a rendu Fabio.
Et ceci est de votre écriture?...

FABIO, de même.
Oui, oui... je l'atteste... c'est de moi!

GINA, qui a jeté les yeux sur le papier.
Ce n'est pas vrai!... C'est l'écriture de mon oncle...

CAFARINI, voulant faire emmener Fabio par les soldats et sortir avec eux.
Allons-nous-en!...

LE COMTE, aux soldats, leur montrant Cafarini.
Soldats... arrêtez monsieur!

CAFARINI, avec aplomb.
Et de quel droit?

LE COMTE.
Je n'en dois compte à personne qu'au prince... car mon grade m'est rendu... et je commande seul en ce palais... Cette barcarolle, qui est de moi...

FABIO, vivement et l'arrêtant.
Frère!

LE COMTE, continuant, avec force.
De moi!... et dont on a changé le sens, a été remise à notre souveraine.. (A Cafarini.) écrite de votre main!...

CAFARINI, effrayé.
Ce n'est qu'une copie... je vous l'atteste!

LE COMTE.
Et moi, j'atteste qu'aucun pouvoir ne vous sauvera..

CAFARINI.
Mais le ministre...

LE COMTE.
Pas même lui!... Et si l'original de cet écrit ne m'est pas remis à l'instant même... vous serez pendu!
(Il fait signe à l'officier de s'éloigner avec ses soldats, ils sortent par la droite.)

FINALE.

CAFARINI.
O ciel!
(Après avoir hésité.)
Tenez!...
(Il donne le papier au comte, qui le lit.)

CLÉLIA, le regardant.
Grand dieu! c'est de mon père!
(Au comte.)
D'un sort fatal, daignez le préserver!

LE COMTE.
Je ferai mon devoir...

A Fabio.)
Frère...
C'est à moi, maintenant... à moi de te sauver!...
Le comte sort par la gauche.)

SCÈNE XI.
CLÉLIA, FABIO, GINA, CAFARINI.
ENSEMBLE.
CLÉLIA.
Quel est le dessein qu'il médite?
De crainte, hélas! mon cœur hésite!
Me faut-il trembler en ce jour
Pour mon père ou pour mon amour?...
CAFARINI.
Quel est le dessein qu'il médite?
Pour ma tête j'en crains la suite!
Et mon premier jour à la cour
Doit-il être mon dernier jour?
GINA.
Quel est le dessein qu'il médite?
Hélas! quelle en sera la suite?
Il me faut trembler en ce jour
(Regardant Cafarini et Fabio.)
Pour ma famille ou mon amour!
FABIO.
Quel est le dessein qu'il médite?
Je dois mourir... je le mérite!
Mon seul regret est dans ce jour
De renoncer à tant d'amour!

SCÈNE XII.

Les Mêmes, LE MARQUIS et LE COMTE, sortant du palais, et descendant gravement l'escalier de marbre; PLUSIEURS SEIGNEURS et DAMES DE LA COUR les suivent. — Un grand silence s'établit.

LE MARQUIS.
Écoutez tous!
(D'un ton solennel, s'adressant à sa fille et lui montrant le comte de Fiesque.)
Voici l'époux que je vous donne!
CLÉLIA, poussant un cri de joie.
O ciel!
LE MARQUIS, sévèrement.
Qu'on veuille ou non... je le veux! je l'ordonne!
Telle est ma loi!
CLÉLIA, s'inclinant, avec joie.
Je m'y soumets!

LE MARQUIS, continuant avec gravité.
Quant au coupable... enfin son crime est éclairci!
On le connaît!
CLÉLIA, vivement, montrant Cafarini.
C'est lui!
LE MARQUIS, froidement.
Non pas!
(Montrant Fabio.)
C'est celui-ci!
GINA, poussant un cri et prête à s'évanouir.
Grand Dieu!
CAFARINI, la soutenant dans ses bras.
Rassure-toi, ma chère...
Je suis sauvé!
LE MARQUIS, continuant.
Mais nous savons aussi...
Et le prince est par nous instruit de ce mystère...
Que la musique a troublé sa raison...
Et qu'il est fou parfois!
FABIO, se récriant.
Moi!
LE COMTE, lui serrant la main, et à demi-voix.
Tais-toi donc!
Arrange-toi pour l'être!
LE MARQUIS, continuant.
En un mot, Son Altesse
Vient d'accorder sa grâce à la grande-duchesse!
LE COMTE.
Qui veut faire à la cour jouer son opéra!
FABIO, poussant un cri.
Ah! c'est vrai... je suis fou... de surprise et d'ivresse!
CAFARINI, haussant les épaules.
Pauvre insensé... de lui, qui maintenant voudra?
GINA.
Moi! toujours moi!
FABIO, courant à elle et l'embrassant.
Gina! Gina!
(Se retournant vers le comte, le marquis et Cafarini.)
Et sans peur maintenant chacun de nous dira:

REPRISE DE L'AIR.

LE COMTE, CLÉLIA, FABIO et GINA.
Vous, qu'amour environne
Et comble de faveurs,
Ni sceptre, ni couronne,
Ne valent ses douceurs!
Oui, de celle qui m'est chère
J'obtiens donc enfin la foi,
Le plus heureux sur terre,
C'est moi! c'est moi! c'est moi!

CHOEUR GÉNÉRAL.

Oui, la fortune et la grandeur
Ne donnent pas un tel bonheur,
Plaisirs des dieux, plaisirs des rois,
L'amour les range sous ses lois!

FIN.

Paris. — Imprimerie de BOULÉ et Cⁱᵉ, rue Coq-Héron, 3.

www.ingramcontent.com/pod-product-compliance
Lightning Source LLC
Chambersburg PA
CBHW060725050426
42451CB00010B/1628